POLICY

A mia madre, Marina Marconi

Marco Causi

FERMARE IL DECLINO

Le politiche economiche italiane ed europee alla prova della crisi

ARMANDO
EDITORE

CAUSI, Marco
Fermare il declino. Le politiche economiche italiane ed europee alla prova della crisi ;
Roma : Armando, © 2017
160 p. ; 20 cm. (Policy)

ISBN: 978-88-6992-300-5

1. Sviluppo della crisi italiana dal 2008 a oggi
2. Leggi sul pagamento dei debiti commerciali delle pubbliche amministrazioni
3. Stallo geopolitico europeo

CDD 320

Piazza della Radio, 14 - 00146 Roma
Direzione - Ufficio Stampa 06/5894525
Direzione editoriale e Redazione 06/5817245
Amministrazione - Ufficio Abbonamenti 06/5806420
Fax 06/5818564
Internet: http://www.armando.it
E-Mail: redazione@armando.it ; segreteria@armando.it

02-22-006

Sommario

Prefazione

Gli economisti in Parlamento soffrono. Il Parlamento è il luogo dove si scrivono le leggi: dal punto di vista professionale e scientifico sono i giuristi (e gli avvocati, i giudici) a lavorare come topi nel formaggio. Per evitare di sentirmi fuori posto mi sono allora gettato pancia a terra su finanza pubblica, tributi, bilancio, federalismo europeo, *governance* economica internazionale, banche e mercati finanziari, federalismo fiscale, servizi pubblici locali. Ringrazio i dirigenti del mio gruppo parlamentare e del mio partito, il Partito Democratico, che si sono avvicendati in questi anni e da cui ho sempre ricevuto fiducia e deleghe su tante questioni complesse e politicamente scottanti, come il federalismo fiscale e la riforma del sistema fiscale. E che hanno accettato talvolta da parte mia l'espressione di opinioni dissonanti, per esempio sull'Imu, sul catasto, sulle agenzie fiscali. Fra tutti vorrei ricordare Dario Franceschini, Michele Ventura, Pierluigi Bersani, Roberto Speranza, Ettore Rosato, Luigi Zanda, Matteo Renzi e prima di tutti naturalmente Walter Veltroni, con cui ho condiviso venti anni di lavoro.

Ho raccolto in questo volume una selezione di scritti e documenti che derivano da nove anni di attività parlamentare. L'origine dei materiali è eterogenea. In alcuni casi si tratta di articoli su giornali o siti, in altri di documenti di analisi più ampi, in altri ancora di contributi a seminari e convegni e di interventi parlamentari. Il filo conduttore però è uno solo: lo sviluppo della drammatica crisi italiana a partire dal 2008 osservata e vissuta da un economista in Parlamento.

Il volume attraversa il percorso del mio lavoro parlamentare, dove sono stato relatore o presentatore delle leggi sul pagamento dei debiti commerciali delle pubbliche amministrazioni; del *golden power* che ha sostituito la *golden share* per la difesa degli interessi strategici del paese; del secondo decreto legislativo per Roma capitale; della riforma della struttura azionaria di Banca d'Italia; della legge delega per la riforma del sistema fiscale, con il tentativo oggi in fase di attuazione di costruire nuove relazioni collaborative e non più repressive, basate sulla trasparenza e sulla semplificazione, fra contribuenti e amministrazione fiscale; della *voluntary disclosure* per l'emersione dei capitali nel nuovo scenario della fine del segreto bancario e dell'introduzione del reato di autoriciclaggio; della riforma delle banche popolari; del trattato fra Italia e Francia per la costruzione del tunnel del Moncenisio. E di altro ancora: chi fosse interessato potrà scoprirlo in queste pagine o nel sito www.marcocausi.it.

Si tratta di un rendiconto. Un atto doveroso in termini di trasparenza e di *accountability* democratica. Peraltro, su tanti argomenti la discussione pubblica italiana mi sembra così povera che ho l'ardire di pensare che i materiali contenuti in questo volume possano fornire elementi utili di informazione e di riflessione su molte questioni che hanno rilievo per il paese.

Mi sono definito un economista in Parlamento. Tengo però a sottolineare che non condivido la separazione e contrapposizione fra tecnici e politici. E ancora meno quella fra intellettuali, professori e politici. Un tecnico, o intellettuale, o professore, quando si trova nel processo delle decisioni pubbliche (e ancora di più in quello delle decisioni amministrative, come a me è successo per otto anni nel Comune di Roma) deve assumere fino in fondo le sue responsabilità politiche, e anche quelle organizzative. Ho esercitato per due anni e mezzo il ruolo di capogruppo del partito di maggioranza relativa in Commissione finanze a Montecitorio e mai mi sono sentito in qualche modo dequalificato per i compiti organizzativi inerenti questa funzione. Per simmetria penso che il *policy maker* debba attrezzarsi e studiare. Forse le cose andrebbero meglio in Italia se i tecnici che lavorano nella cosa pubblica imparassero ad assumersi responsabilità politiche (cioè pubbliche) e se i politici si impegnassero di più nello studio e nel riconoscimento delle competenze.

Le crisi scoppiate a partire dal 2008 in Italia e in Europa hanno molto più a che fare con la politica che con i tecnicismi economico-finanziari, che pure possono aiutare a comprendere e riconoscere, in qualche caso ad anticipare o correggere, l'origine e i meccanismi di trasmissione delle dinamiche politiche.

L'imperfezione della costruzione europea, i ritardi nelle risposte alla crisi e gli errori compiuti sono ormai riconosciuti da tutti. Ciò nonostante non è e non sarà facile riprogettare un'Europa che funzioni, soprattutto all'interno dell'eurozona e nonostante le geometrie variabili, perché si tratta di modificare elementi profondi di cultura politica dei diversi paesi. La Germania dovrebbe abbandonare la cultura mercantilista, la Francia dovrebbe rinunciare all'idiosincrasia verso la riduzione dei poteri nazionali a vantaggio di istituzioni federali, l'Italia dovrebbe superare i tanti difetti che l'hanno fatta diventare uno dei paesi meno dinamici del mondo negli ultimi venti anni.

L'Italia è il paese dove la crisi ha colpito di più perché si è innestata su debolezze strutturali da lungo tempo esistenti nel sistema produttivo e in quello istituzionale. Dove le ferite sociali sono divenute più profonde e laceranti anche in conseguenza di un assetto storicamente incompleto e inefficace di tante politiche pubbliche, a partire da quelle di sicurezza sociale. Dopo il 2011, *annus horribilis*, è cominciato un lavoro di riforma talvolta con l'accetta e talvolta col cacciavite su pensioni, istruzione e formazione, infrastrutture e servizi pubblici, giustizia, fisco, divari territoriali, mercato del lavoro, bilanci e funzionamento delle amministrazioni pubbliche, regolazione del sistema bancario e altro ancora. I dati economici del 2017 sono positivi, sensibilmente superiori alle attese, e derivano anche da questo lavoro. Al netto degli errori però i risultati delle riforme si manifesteranno in tempi non brevi.

L'Italia ha bisogno di tempo. E di continuità e credibilità dell'impegno riformista. Anche perché resta appesantita da un elevato debito pubblico, eredità degli anni Ottanta del XX secolo. Per due volte abbiamo rischiato e poi evitato il *default*: nel 1992 grazie alle politiche di stabilizzazione e all'aggancio all'euro, nel 2011 grazie all'intervento della Banca centrale europea. La protezione della Bce però, e anche la possibile evoluzione verso una maggiore condivisione dei rischi all'interno dell'eurozona dovuta al fatto che l'Italia è *too big to fail*, non modificano l'ineludibile vincolo a mantenere per molti anni un sufficiente avanzo primario dei conti pubblici. Un sentiero stretto e impervio, su cui potremo marciare solo se torneremo a crescere in modo soddisfacente.

C'è insomma in Europa un enorme tema geopolitico. Macron da solo non potrà risolverlo. L'uscita del Regno Unito forse permetterà passi avanti su importanti questioni, come l'armonizzazione fiscale. Ma si tratta di una perdita netta sul versante dell'evoluzione culturale europea poiché verrà a mancare l'apporto della solida cultura liberale e pragmatica che quel paese esprime, da sempre perplessa sulle camicie di forza renane cucite sull'Europa dall'asse franco-tedesco. E capace di generare dinamiche politiche democratiche attente all'effettiva evoluzione delle domande sociali nei diversi cicli storici, com'è avvenuto nel secondo dopoguerra con l'inattesa e clamorosa sconfitta di Churchill e, in fondo, anche nelle recenti elezioni, le quali permettono di capire che il voto per la Brexit non era soltanto determinato da motivazioni nazionalistiche e anti-immigrazione, ma anche dalla mancanza di fiducia in un'Europa carente di una dimensione sociale e priva di obiettivi di crescita e occupazione costituzionalmente equiparati agli obiettivi di stabilità.

Per superare lo stallo geopolitico europeo occorrono passi avanti non solo da parte del nord ma anche da parte del sud. L'Italia chiede la condivisione dei rischi, oggi sui depositi bancari e domani magari sui titoli sovrani, e un bilancio federale dell'eurozona finanziato con un'autonoma capacità fiscale in grado di intervenire sull'economia reale, in particolare sulla disoccupazione. È un punto assolutamente corretto, ufficializzato nei primi mesi del 2016 da un ottimo documento prodotto da Piercarlo Padoan, coerente con tutti i manuali di federalismo in presenza di moneta unica. L'Italia però, mentre avanza queste proposte, non può non essere parallelamente disponibile a cessioni di sovranità verso istituzioni federali che offrano garanzie ai nostri *partners* sulla gestione delle pubbliche finanze, sulla loro sostenibilità, sull'efficienza degli apparati pubblici.

La consapevolezza politica di questo tema è limitata, sembrano prevalere in Italia le tesi anti-europee o nella migliore delle ipotesi quelle che accusano l'Europa di tecnocrazia e burocratismo. Non mi sembra sia chiaro il punto che per chiedere solidarietà all'Europa il nostro paese deve recuperare un enorme terreno in termini di reputazione, credibilità, stabilità. Basta solo un dato: Merkel e Schauble hanno via via interloquito con sette governi italiani, sei presidenti del consiglio e cinque ministri dell'economia. Quale affidabilità può essere assegnata, in queste permanenti condizioni di instabilità politica e di incertezza, agli impegni italiani?

La questione è ovviamente peggiorata dopo il 4 dicembre 2016 e un risultato referendario che ha frenato il processo di riforme. Ma l'ampia e pasticciata coalizione di "no" non è in grado di offrire alcuna soluzione alternativa. Perché di fatto non ci sono alternative, se non catastrofiche, alla strada proposta e percorsa in Italia in questi anni dal centrosinistra riformista e democratico, nonostante gli errori.

La sinistra riformista non deve smettere di stare in campo. Deve ritrovare il coraggio, elaborare e superare gli errori, riuscire a risalire la china dentro un clima sempre più deteriorato e avvelenato della discussione pubblica, dove le urla, i *tweet* e le *fake news* non avvantaggiano certo chi per cultura è abituato a lavorare ragionando in modo pacato e analitico. Nel secondo capitolo di questo volume ricostruisco quanto avvenuto alla fine del passato secolo, quando negli anni successivi alla crisi del 1992 e alla firma degli accordi di politica dei redditi le retribuzioni italiane aumentarono costantemente in termini reali, dando ragione a chi quegli accordi li aveva firmati in dissenso dalla maggioranza del più grande sindacato italiano e rassegnando subito dopo le dimissioni. Ecco: l'esempio di Bruno Trentin è quello che ho in mente quando parlo di coraggio dei riformisti.

Roma, giugno 2017

Ringraziamenti

Tante persone hanno collaborato al lavoro rendicontato in questo volume, così tante che non posso elencarle tutte perché mi scorderei sicuramente di qualcuno/a. Ma ce ne sono due che non posso non ringraziare, perché l'aiuto che mi hanno dato va al di là di una collaborazione di lavoro, per quanto intensa, e sconfina nella relazione di solidarietà, di comune crescita culturale e di amicizia. Ringrazio, in ordine di genere e non di *seniority*, Giorgia Proietti Rossi, direttrice dell'ufficio economico del Gruppo parlamentare del Pd alla Camera dei Deputati, e Vieri Ceriani, consigliere per le politiche fiscali del Ministro dell'economia e delle finanze e già sottosegretario nel governo Monti.

Capitolo primo

Europa: invertire la rotta

Brexit, evitiamo guerre commerciali[1]

Domani il Consiglio europeo si riunisce per definire il mandato alla squadra che dovrà nei prossimi mesi trattare con il Regno Unito l'uscita dall'Unione. Occorrono nervi saldi e sguardo sul lungo periodo. Non conviene a nessuno, né all'Unione né al Regno Unito, accentuare divisioni e fratture.

I promotori del referendum sulla Brexit hanno raccontato che il Regno Unito avrebbe acquisito, dopo l'uscita, lo stesso status di paesi come la Norvegia, con l'adesione allo spazio economico europeo e la piena partecipazione al mercato unico. Hanno mentito al loro popolo, perché non è e non sarà così. Al cuore della Brexit c'è lo stop alla libera circolazione delle persone, e senza questa non ci sono le condizioni per partecipare al mercato unico. Neppure con la formula più semplice dell'unione doganale. Sul piano delle relazioni economiche UK e UE si avviano a una vera separazione.

Nei primi mesi di Brexit non sono emersi nell'economia britannica impatti negativi, anzi il Pil ha avuto un'accelerazione e la borsa inglese è cresciuta ben più di quelle europee. Attenzione però: questo risultato è stato ottenuto grazie a una consistente svalutazione della sterlina (meno dieci per cento sull'euro, meno 16 sul dollaro). Si tratta di un palliativo di breve periodo: il vero impatto, se ci sarà, emergerà nel lungo periodo e dipenderà dall'esito della trattativa con l'Europa.

Una trattativa che è interesse di tutti orientare verso un esito positivo. E questo non solo perché il Regno Unito è partner indispensabile su versanti

---

[1] L'Unità, 28 aprile 2017.

diversi da quello strettamente economico, come la sicurezza e la difesa. E non solo perché l'Unione dovrà ottenere sufficienti garanzie e tutele per i cittadini europei che vivono nel Regno Unito.

Il punto è che, nonostante la Manica e l'inguaribile spirito insulare dei cittadini britannici, i due sistemi sono integrati: spezzare l'integrazione è costoso per tutti. L'Italia ha un attivo commerciale con UK di 11 miliardi, il secondo in Europa dopo la Germania. L'approdo più desiderabile sarebbe un accordo di libero scambio, come quello recentemente concluso con il Canada.

È essenziale che regolamentazione e vigilanza sui mercati finanziari restino in UK ancorati agli standard europei: per l'importanza della piazza londinese sarebbe pericolosa una sua deviazione verso modelli meno rigorosi e trasparenti. Sembra comunque inevitabile che il Regno Unito perda pezzi di industria bancaria e finanziaria: l'Italia farebbe bene a muoversi con adeguate iniziative di sistema, anche in accordo con le istituzioni locali, soprattutto milanesi, per attrarre alcuni segmenti di elevata specializzazione.

Sul versante delle agenzie europee da rilocalizzare, per quella di supervisione delle banche (Eba) è in corso una riflessione comunitaria che porterà probabilmente a un suo riassetto generale: meglio puntare sull'agenzia europea per i medicinali (Ema), su cui l'Italia avanza la candidatura di Milano.

Se non ci sarà accordo torneranno i dazi doganali, come avviene fra Unione Europea e paesi terzi. Banca d'Italia ha stimato, utilizzando le tariffe attualmente in uso nell'Unione, che l'incidenza media dei dazi colpirebbe in misura più elevata le esportazioni europee verso il Regno Unito al confronto con i flussi opposti: le tariffe variano da settore a settore, il livello medio dipende dalla composizione settoriale delle esportazioni. Se l'Europa volesse contrastare questo effetto, e se dovessero prevalere in Europa indirizzi politici mercantilistici e punitivi nei confronti del Regno Unito, partirebbe una guerra tariffaria.

Non è proprio il caso di imboccare questa strada: si ricordi sempre che la prima guerra mondiale, e poi la seconda che ne è stata conseguenza, ha avuto origine dalle politiche mercantilistiche e dalle guerre commerciali. L'Unione Europea è nata per non ripetere gli errori della prima metà del Novecento e per scrivere una nuova storia. Non può e non deve abbandonare la sua missione di fondo, nonostante la Brexit.

Sì a un bilancio federale europeo, no al fiscal compact[2]

Entro la fine del 2017 il Trattato chiamato Fiscal compact va ricontrattato nell'ambito di nuove e, speriamo, più avanzate regole di *governance* europea.

È bene ricordare da dove ha origine il Fiscal compact, nato fra 2011 e 2012 in uno dei periodi più drammatici per l'Italia e l'Europa. Nell'estate 2011 il rischio *default* sul debito pubblico italiano è stato reale e l'intervento della Banca centrale europea è stato essenziale per evitarlo. Per attivare questo intervento vennero chieste delle condizioni: un fatto inevitabile, derivante da una questione prettamente politica, e cioè l'incrinatura che esisteva (ed esiste ancora) nel rapporto di fiducia fra paesi finanziariamente forti (e loro opinioni pubbliche) e paesi finanziariamente deboli (e loro opinioni pubbliche).

Si chiese all'Italia di aderire a regole di rigore della finanza pubblica, da incardinare nei trattati europei e nella Costituzione del paese. Oggi è facile criticare quelle regole, e in effetti quelle europee sono abbastanza stupide. Ma sarebbe non solo politicamente, ma anche intellettualmente, disonesto dimenticare le condizioni di fragilità finanziaria del nostro paese, che ancora oggi non sono superate: fragilità in relazione non solo al fabbisogno di finanziamento del debito pubblico, ma anche al *gap* di finanziamento del settore creditizio, con uno squilibrio fra depositi e impieghi che vale fra 100 e 200 miliardi all'anno e che deve essere coperto sui mercati internazionali interbancari. Sarebbe sbagliato pensare che una svolta del nostro paese verso una cultura politica di maggiore attenzione alla solidità delle pubbliche finanze non rappresenti di per sé un elemento positivo e importante.

In ogni caso: in quelle condizioni così drammatiche, in cui l'Italia era realmente molto debole sul piano dell'agibilità della contrattazione politica, i risultati ottenuti non vanno sottovalutati. Il Fiscal compact è un trattato provvisorio, che deve essere ricontrattato entro il 2018 nell'architettura europea. Sono positive in questa direzione le risoluzioni Verhofstadt e Bresso-Brok approvate dal Parlamento europeo, oltre che i nuovi accordi fatti a Roma in occasione del 60esimo anniversario della firma dei Trattati di Roma, con l'ampliamento delle possibilità di cooperazione rafforzata – una possibilità importante per la costruzione delle istituzioni necessarie a gestire una nuova politica economica nell'ambito dell'area euro.

---

[2] L'Unità, 11 aprile 2017.

La costituzionalizzazione dell'impegno al rigore di finanza pubblica, che continua ad essere raccontata come "pareggio di bilancio", si è trasformata in realtà in una regola molto più sostenibile, è cioè l'equilibrio di bilancio al netto del ciclo economico e delle una tantum.

Per fare il salto di qualità nelle politiche economiche europee le parole chiave sono tre: bilancio federale; condivisione dei rischi; utilizzare i motori interni della crescita in Europa, superando una dottrina di tipo mercantilista.

Un bilancio federale integrato, gestito da un Tesoro dei paesi euro, può permettere all'Unione di intervenire in modo asimmetrico e di fare passi avanti sull'armonizzazione fiscale. Condivisione dei rischi significa completamento dell'Unione bancaria, assicurazione europea sui depositi, rafforzamento delle capacità e del ruolo del meccanismo europeo di stabilità (Esm), ad esempio nella gestione delle crisi bancarie e dei crediti deteriorati del settore creditizio, in prospettiva anche dei debiti sovrani, con sua trasformazione in Fondo Monetario Europeo.

E poi la questione culturale e politica più importante: superare un approccio di tipo mercantilista e accendere i motori interni di crescita, in particolare sul fronte della domanda interna, sia di consumi che di investimenti. Per quanto riguarda gli investimenti sono necessarie sia politiche di livello europeo, finanziate dal Tesoro europeo anche con emissione di titoli, sia politiche di livello nazionale, andando verso la *golden rule*, e cioè l'esclusione delle spese per investimenti (e di tutte le spese in alcuni comparti strategici) dai parametri di finanza pubblica validi ai fini delle politiche di coordinamento europee.

Attenzione però: l'Italia non può chiedere agli altri la condivisione dei rischi se non è disponibile a contropartite politiche di rilievo importante. Nessuno in Italia può cullare l'illusione di rilanciare il paese con qualche flessibilità aggiuntiva da "zero virgola", e non proseguendo invece un lavoro di lunga lena e di medio termine per la riforma e la modernizzazione delle strutture portanti del sistema paese. Il problema italiano non è congiunturale, non si risolve invocando un banale keynesismo di breve periodo, il problema italiano è strutturale, dipende dalla domanda ma anche dalle debolezze della struttura produttiva (bassa produttività, nanismo d'impresa, arretratezza nel settore dei servizi, poca innovazione tecnologica).

Sulle proposte di profonda innovazione della *governance* europea c'è da auspicare il massimo di convergenza fra le forze politiche italiane. Si tratta di dare forza a un'azione cruciale per gli interessi del paese, un obiettivo che deve portare a non indulgere né su posizioni puramente accademiche o ideologiche, né su posizioni di mero opportunismo protestatario. Le proposte italiane saranno tanto più forti nella trattativa dei prossimi mesi quanto più compatto l'intero paese sarà percepito intorno ad esse.

All'Unione Europea non basta l'euro[3]

Il dollaro nasce come moneta dei nuovi Stati Uniti nel 1785, ma soltanto trent'anni dopo viene affiancato da un bilancio federale e da regole di integrazione finanziaria. Ci volle una guerra, quella del 1812, la "seconda guerra di indipendenza". In mancanza di un bilancio federale la giovane repubblica fu messa in ginocchio per l'assenza di risorse con cui sostenere l'esercito; la nuova capitale Washington invasa e distrutta; la nazione salvata dalla decisione inglese di concentrare lo sforzo bellico sull'Europa contro Napoleone e dalle insperate vittorie dell'armata del Sud del generale Jackson.

L'euro è entrato in circolazione da quindici anni. Ma gli Stati che lo hanno adottato, entrando nell'Unione Economica e Monetaria europea, non ne hanno altri quindici per completare il progetto. Devono farlo presto. Non hanno neppure bisogno di una vera guerra guerreggiata (speriamo). Dovrebbe essere più che sufficiente la tempesta che si è abbattuta sull'Europa, il rischio di una sua disintegrazione, il crescente clima antieuropeo nelle opinioni pubbliche, la sfida neoisolazionista di Trump con i suoi aspetti inediti, poiché condita da una certa aggressività e non, come accaduto nella storia, dalla dottrina del non intervento.

Per fare il salto di qualità nelle politiche economiche le parole chiave sono due: bilancio federale e condivisione dei rischi. Un bilancio federale integrato, gestito da un Tesoro dei paesi euro, può permettere all'Unione di intervenire in modo asimmetrico, e cioè aiutare i paesi quando vengono colpiti in modo specifico (ad esempio con un sussidio europeo di disoccupazione, come proposto nel documento italiano di Padoan un anno fa). Può gestire le azioni necessarie a superare altre asimmetrie, come gli squilibri macroeconomici che derivano dalla persistenza di elevati avanzi di bilancia dei pagamenti (il caso della Germania). Può superare, grazie a una gestione diretta e non mediata dagli Stati, la sfiducia dei paesi "forti" nei confronti degli apparati statali dei paesi "deboli".

---

[3] L'Unità, 15 febbraio 2017.

Può finanziarsi rendendo europea la base imponibile delle imposte sulle società eliminando questo tipo di concorrenza fiscale all'interno dell'Unione: un obiettivo da sempre perseguito dall'iniziativa italiana, rilanciato nel recente Rapporto del gruppo di lavoro Monti e oggi, grazie alla Brexit, più realisticamente perseguibile.

Condivisione dei rischi significa completamento dell'Unione bancaria, assicurazione europea sui depositi, rafforzamento delle capacità e del ruolo del meccanismo europeo di stabilità (Esm), ad esempio nella gestione delle crisi bancarie e dei crediti deteriorati del settore creditizio, in prospettiva dei debiti sovrani.

È chiaro che tutto ciò non ha nulla a che fare con la politica dello "zero virgola". Vista in questa prospettiva la discussione sull'aggiustamento di 3,4 miliardi che la Commissione europea chiede all'Italia è surreale. Attenzione però: sbaglia la Commissione sullo "zero virgola", ma sbaglierebbe anche l'Italia a non tenere conto dei vincoli che derivano dall'appartenenza all'Unione. Questi vincoli in realtà, se maturerà il passo avanti necessario alla salvezza dell'euro, aumenteranno. Cresceranno le zone della decisione pubblica da trasferire a una sovranità di tipo federale. L'Italia non può chiedere agli altri la condivisione dei rischi se non è disponibile a contropartite politiche di rilievo importante. Nessuno in Italia può cullare l'illusione di rilanciare il paese con qualche flessibilità aggiuntiva da "zero virgola", e non proseguendo invece un lavoro di lunga lena e di medio termine per la riforma e la modernizzazione delle strutture portanti del sistema paese.

Questo, a me sembra, è il compito del Pd. Ogni altra fuga in avanti, o di lato, porterebbe a negare il motivo per cui il Pd è nato. Se anche noi abbiamo talvolta sbagliato, sperando che qualche "zero virgola" di flessibilità aggiuntiva ci avrebbe aiutato a togliere dal fuoco la bollente castagna delle riforme, siamo in tempo per riflettere e modificare alcuni atteggiamenti. Senza però illudere il paese che ci sia una strada diversa da quella delle riforme e della stabilità.

La battaglia europea e il compito dell'Italia[4]

È ancora insufficiente in Italia la comprensione della battaglia politica in corso in Europa. Tre schieramenti si confrontano: i popolari, ma soprattutto

[4] Europa Quotidiano, 16 dicembre 2014.

i paesi del nord, che dicono che tutto va bene così; gli anti-europeisti, il cui richiamo politico demagogico cresce a vista d'occhio con la crisi e la disoccupazione; i socialisti, che vogliono un'Europa migliore, più orientata a crescita e occupazione, ma che soffrono al loro interno la divisione fra nord e sud.

Il governo Renzi è la punta di diamante del terzo schieramento. Anche perché i partiti socialisti di molti grandi paesi europei, penso a Francia, Spagna, Regno Unito, non sono andati bene alle recenti elezioni. Attenzione quindi a indebolire oggi questo governo italiano. Dovrebbe essere interesse nazionale restare il più possibile uniti nel rappresentare all'Europa le proposte italiane.

Le posizioni di chi è sceso in piazza qualche giorno fa, pur legittime e da rispettare, sono prive di sbocco politico, a meno di non scegliere di andare a ingrossare le fila dell'anti-europeismo. Autolesionista mi sembra la posizione di Brunetta, che manda lettere a Bruxelles contro il governo del suo paese. Lo scontro politico interno è il sale della democrazia, ma nel difficile passaggio storico di Italia e Europa a sette anni dall'inizio della crisi dovrebbe valere sempre più l'idea che *right or not, it's my country.*

La politica monetaria. La battaglia è a tutto campo. Prendiamo ad esempio la politica monetaria. Il presidente della Bundesbank rilascia interviste ai grandi quotidiani di opinione italiani e francesi portando i suoi argomenti contrari al *quantitative easing*, e cioè agli acquisti di titoli pubblici sul mercato secondario da parte della Bce. Ieri il Governatore della Banca d'Italia, Ignazio Visco, in audizione alla commissione Finanze di Montecitorio, è stato sollecitato a fare altrettanto, intervenendo sulla stampa tedesca. E ha risposto che nei prossimi giorni lo farà.

Deflazione e bassa crescita sono un cocktail esplosivo per la sostenibilità degli elevati debiti sovrani. E se questo è certamente, e prima di tutto, un problema dell'Italia, che deve mantenere massima attenzione agli equilibri di bilancio, lo è anche per l'Europa, poiché l'insostenibilità dei debiti sovrani dell'area euro genera un rischio sistemico di instabilità finanziaria per tutta l'Unione.

D'altra parte, lo stesso Weidmann ammette nelle sue interviste che l'intervento di *quantitative easing* proposto da Draghi "non è vietato" dalle regole esistenti. E questo è un passo avanti, visto che due anni fa da quegli ambienti tedeschi era nato un ricorso presso la Corte costituzionale di Karlsruhe contro le politiche anticonvenzionali messe in atto dalla Bce nel 2011.

Il sostegno alla domanda aggregata. C'è poi il campo di più stretta competenza dei governi e della Commissione. Accanto alle politiche strutturali di riforma – su cui l'Italia sta correndo come mai negli ultimi anni – è necessario affiancare politiche di sostegno alla domanda aggregata. Con diverse dimensioni: più flessibilità per i bilanci pubblici nazionali; espansione della domanda interna nei paesi, come la Germania, che mostrano squilibri macroeconomici sotto forma di eccessivi avanzi di bilancia corrente; politiche europee per la crescita e l'occupazione.

Alcuni primi varchi sono stati aperti, anche grazie all'azione della presidenza italiana dell'Unione. È chiaro che la battaglia dovrà continuare, fin dai prossimi Consigli europei e poi dopo la fine del semestre a guida italiana.

Sulla flessibilità dei bilanci nazionali è necessario insistere sulla revisione dei sistemi di calcolo dell'*output gap*, un punto giustamente messo in agenda grazie all'iniziativa del ministro Padoan.

Sugli squilibri macroeconomici è necessario mettere la Germania di fronte alle sue responsabilità. Bisogna ricordare i 225 miliardi che quel paese ha speso a carico delle casse pubbliche – e quindi aumentando il suo debito sovrano e quello dell'intera Unione – per salvare le sue banche. Salvataggi che sono stati fatti prima che arrivassero le nuove regole europee sul meccanismo di risoluzione delle crisi bancarie (*bail in*), in base alle quali oggi quegli interventi sarebbero considerati illegittimi poiché non è stata richiesta la compartecipazione del settore privato, diversamente da come accaduto a Cipro. Anche la Germania, insomma, ha dei bei compiti da fare a casa. Da un lato, per fare la sua parte nell'aggiustamento degli squilibri reali all'interno dell'Unione. E dall'altro lato, per riflettere sul ruolo che l'espansione così rilevante del suo debito pubblico per il salvataggio delle banche tedesche ha avuto nell'indebolire le prospettive finanziarie dell'Unione.

Sulla terza questione, quella delle politiche di dimensione europea, il piano Juncker è un primo passo, da rafforzare con una piena applicazione della *golden rule* agli investimenti, con il rafforzamento di altri strumenti esistenti come la Bei, con la mobilitazione di ulteriori risorse.

Vanno poi completate due altre gambe delle politiche dell'Unione: procedere verso un'autentica unione dei mercati dei capitali completando l'unione monetaria con quella finanziaria, in modo da rendere pienamente europei i meccanismi di finanziamento non bancario delle imprese; costruire una più solida capacità fiscale europea a beneficio di un bilancio dell'Unione capace di contribuire strutturalmente agli investimenti pubblici e all'assorbimento degli shock reali asimmetrici, a partire dalla disoccupazione.

Intanto noi in Italia dobbiamo attrezzarci e fare in modo che questi interventi siano messi in campo con immediatezza e non con gli insopportabili e ingiustificabili ritardi con cui abbiamo reso operativo il programma *Youth Garantee* strappato più di un anno fa dal governo Letta a un'Unione recalcitrante.

Le regole internazionali sui tributi e la lotta a evasione ed elusione fiscale. Fra i risultati del semestre italiano non vanno sottovalutati quelli in campo tributario: la spinta verso la fine del segreto bancario con l'approvazione comunitaria dei *Common Reporting Standards* (Crs) e il superamento del segreto bancario; l'indirizzo impresso alla direttiva sull'armonizzazione fiscale. È necessario andare avanti così sulla legislazione tributaria, perché c'è molto ritardo da recuperare e perché in questo campo per fortuna Italia e Germania non litigano ma anzi procedono con ampio accordo e forte solidarietà.

Così come il 2014 è stato l'anno dei Crs, il 2015 deve diventare l'anno per rendere operativi i risultati dell'azione Ocse-G20 sulla tassazione delle società multinazionali, il progetto conosciuto come Beps (*Base Erosion Profit Shifting*), con la ridefinizione del concetto di "stabile organizzazione" e la riforma dei meccanismi di *transfer pricing*, in modo da ridurre le possibilità di arbitraggi fiscali da parte delle grandi imprese internazionalizzate e da ridefinire le modalità con cui imputare la tassazione dei profitti nelle diverse giurisdizioni fiscali nazionali.

È questa la strada maestra per modernizzare le regole del fisco internazionale, ferme a più di 30 anni fa e quindi non più adeguate alla nuova dimensione della globalizzazione e dell'economia digitale. Non è quella delle scorciatoie protezionistiche.

L'Italia e le sue fragilità. La battaglia europea, infine, si vince non solo con buoni contenuti ma anche con intelligenti scelte di metodo. Con una decisa iniziativa culturale e politica, non con le urla e la demagogia. Come ha fatto Napolitano nei due giorni di Torino dedicati al confronto e al dialogo fra Italia e Germania.

Con un paese che, ferme le distinzioni politiche e anche la lotta politica interna, riesca a capire quando è necessario restare unito per difendere fondamentali interessi nazionali; e che riesca a superare l'instabilità e il breve termine del suo orizzonte politico. Si pensi solo che Schauble ha visto passare di fronte a sé in nove anni ben cinque ministri italiani dell'economia. E questo è uno dei motivi per cui su tante partite l'Italia ha giocato debolmente, perché non basta avere buone idee o idee giuste, occorre anche la continuità del lavoro quotidiano per farle prevalere nelle sedi della trattativa europea.

Si vede bene qui che la fragilità italiana non sta solo nel debito pubblico ma anche nel funzionamento delle istituzioni e del meccanismo politico. I nodi ormai sono tutti arrivati al pettine e vanno sciolti in modo urgente e integrato. Non ci sono alternative alla velocità del processo innestato da Renzi, anche se la velocità può comportare errori. Gli errori, quando emergono, vanno riconosciuti e corretti. Ma alla velocità non si può rinunciare.

La lezione di Delors è ancora valida[5]

Martedì prossimo, in Commissione bilancio, avremo il ministro Tremonti per affrontare il tema della riforma degli strumenti di contabilità e finanza pubblica in relazione alle nuove regole di coordinamento che vanno sotto il nome di "semestre europeo". Io credo che questa vicenda implichi un interesse geo-politico italiano nazionale, e credo anche che dovremmo cercare, il più possibile, in modo molto forte e concorde, di evitare che da un patto di stabilità "stupido" – come lo definì qualche anno fa il presidente Prodi – si passi a nuovi strumenti di coordinamento fiscale che rischiano di essere "stupidissimi", progredendo quindi da una "stupidità di primo grado" ad una "stupidità al cubo". C'è una posizione italiana da definire, sperando che l'Italia possa poi portarla in Europa con qualche elemento di credibilità. Qui intendo proporre una sola riflessione, che ha uno stretto legame con la relazione del presidente Prodi.

Quando si è cominciato, negli anni Ottanta del passato secolo, a lavorare sull'integrazione dei mercati europei, quindi ben prima di Maastricht e dell'euro, era chiaro, nella discussione politica ed economica, che un possibile impatto negativo del mercato comune sarebbe stato quello di rafforzare le regioni più competitive. Le aree interne al mercato unico più produttive ed attrezzate avrebbero avuto maggiore spazio per generare economie di scala e trarre vantaggi sotto forma di aumento delle esportazioni in un mercato

[5] Intervento al seminario "Le proposte del PD e l'iniziativa parlamentare", Gruppo PD Camera, Abbazia di Spineto, 25 e 26 novembre 2010.

molto più vasto e libero dei precedenti mercati nazionali (è quello che gli economisti conoscono come "effetto Kaldor")[6].

Proprio per questo durante la presidenza Delors si decise di istituire i fondi strutturali, che sono da allora la seconda voce del bilancio comunitario. I fondi strutturali nascono dall'idea, già ben chiara fin da allora, che il mercato unico avrebbe avuto un effetto centripeto a favore delle aree territoriali forti. E rappresentano lo strumento per aiutare le aree territoriali periferiche e deboli nel "reggere" il nuovo ritmo, e i nuovi paradigmi, di sviluppo imposti dall'unificazione dei mercati. All'apice di quella stagione politica e culturale Delors elaborò il famoso "Libro bianco", che puntava a un ulteriore rafforzamento degli strumenti di politica economica di livello europeo a sostegno della crescita, e che è restato inattuato.

Il decorso storico di questa vicenda è stato un po' diverso da come l'analisi economica e la stessa analisi politica avevano previsto. Per due motivi. Primo, per molti anni l'Europa ha fortemente avvantaggiato i paesi periferici e nuovi entranti, prima la Spagna e il Portogallo, poi l'Irlanda, infine la Grecia. In qualche modo c'è stata una fase in cui – parlo del progressivo allargamento degli anni Ottanta e Novanta, anche se la questione si pone in modo non troppo dissimile per il recente allargamento – i nuovi entranti, anche perché erano abbastanza piccoli, hanno lavorato da *free rider* e hanno guadagnato dall'ingresso in Europa nonostante i loro livelli di produttività più bassi. Contemporaneamente, i paesi centrali dell'Europa – Francia, Germania e un po' anche l'Italia – hanno sofferto della dinamica accentuata dei nuovi entranti. Hanno tuttavia scelto di sopportare un abbassamento dei loro tassi di crescita, perché si stava costruendo un'Europa più larga. Una scelta, insomma, largamente dipendente da motivi politici e non da immediate convenienze economiche. Secondo, l'unificazione ha costretto l'economia più forte del continente, quella tedesca, a occuparsi per quasi un decennio dei suoi problemi interni, peraltro anche grazie all'aiuto europeo tramite i fondi strutturali destinati alle regioni dell'est.

Ora la storia è cambiata. Nel primo decennio di questo millennio, e soprattutto nell'eurozona, e cioè nell'area della nuova moneta unica, è evidente che l'effetto centripeto che avevamo previsto negli anni Ottanta si sta pienamente realizzando. La Germania sta sfruttando al massimo i benefici del mercato unico, perché è il paese i cui sistemi industriale e istituzionale

[6] Nicholas Kaldor, *The Case for Regional Policies*, «Scottish Juornal of Political Economy», vol. 17, 1970, pp. 377-348.

si sono organizzati al meglio per ottenere economie di scala ed elevata produttività. E gli squilibri interni all'Europa si accumulano di anno in anno: la divergenza, in particolare nell'eurozona, è legata a variabili dell'economia reale (produzione, occupazione) ed è ipocrita la tesi che propone una lettura puramente finanziaria della crisi in corso. Certo, anche le variabili finanziarie hanno importanza per leggere la crisi (i debiti sovrani, i debiti bancari), ma la soluzione alla crisi non potrà essere puramente finanziaria. Finché alcune regioni e alcuni paesi all'interno dell'eurozona continueranno ad accumulare "effetti kaldoriani", e finché le politiche economiche europee resteranno indifferenti ai livelli di crescita dell'intera area, difficilmente nel resto delle regioni e dei paesi produzione e occupazione potranno rialzarsi. Da ciò nasce la percezione di un rischio sistemico sulla sopravvivenza della moneta unica, oltre che enormi rischi di tenuta politica per i paesi in crisi e per l'Europa tutta.

Ora, quello che sta accadendo è esattamente quello che avevamo previsto durante la presidenza Delors. In qualche modo, con venti anni di ritardo, il nostro cervello di teoria economica può far pace con sé stesso. Resta il punto politico. Sapranno le aree centrali, e in particolare la Germania, che stanno ottenendo i massimi benefici dell'integrazione, essere all'altezza del problema politico che abbiamo di fronte? Sapranno guardare in modo profondo, e non distorto dagli egoismi e dai populismi, ai loro rapporti con l'area integrata in cui vivono? Saprà la cultura politica europea esprimere una nuova stagione di riflessioni e di proposte come quella di Delors? Questo è il punto cruciale: un punto che ci interessa anche per quanto riguardo il campo dei progressisti europei e il modo in cui si muoveranno. Ma che ci interessa soprattutto come italiani, perché la questione europea non è solo fra destra e sinistra: è una questione profondamente geo-politica.

Capitolo secondo

Il declino dell'Italia non è ineluttabile

La crescita dell'Italia conviene a tutti in Europa[1]

Agli occhi di molti la discussione sul Documento di Economia e Finanza (Def) che il governo deve mandare in Parlamento entro il 10 aprile e poi a Bruxelles entro il 30 sembra confusa e poco comprensibile. Io credo che ciò sia conseguenza di due questioni. La prima è che il Def deve affrontare, su due distinti piani, non solo una piccola correzione dei conti pubblici nel corso del 2017 ma anche le strategie a medio termine per la legge di bilancio del 2018. La seconda è che il permanente scontro politico in atto in Italia, aggravato purtroppo negli ultimi tempi dallo scontro all'interno del centrosinistra, offusca all'opinione pubblica alcuni importanti risultati positivi ottenuti dall'azione di governo, grazie ai quali i dilemmi che il Def dovrà sciogliere potrebbero alla fine dei conti diventare meno complicati.

Comincio dal secondo punto. Ci sono due notizie positive: il Pil sta andando lievemente meglio del previsto; le entrate tributarie stanno crescendo grazie all'efficacia di numerose riforme attuate negli ultimi anni. Con la fine del segreto bancario e la *voluntary disclosure* 60 miliardi di base imponibile sono definitivamente emerse e messe "in chiaro": ciò produce effetti di gettito permanenti al di là dell'una tantum richiesta per la regolarizzazione. Con l'estensione (ancora non completa) della fatturazione elettronica e lo *split payment* dell'Iva sulle fatture alla pubblica amministrazione l'Iva sugli scambi interni è cresciuta di 8,4 miliardi nel 2016 (più 9 per cento). Poiché al centro dell'evasione fiscale c'è l'Iva, con un *gap* di circa 40 miliardi che si riverbera poi sulle imposte dirette, si può ben dire che i provvedimenti avviati dai due precedenti governi a partire dalla delega fiscale stiano finalmente

[1] L'Unità, 29 marzo 2017.

producendo effetti strutturali nella lotta all'evasione. Infine va ricordata una riforma di dimensioni più marginali, ma che potrebbe adesso tornare utile: la nuova accisa sui tabacchi, varata lungo il 2015, ha reso l'imposta sui prodotti da fumo più equilibrata e flessibile, più simile nel funzionamento a quelle vigenti nel resto d'Europa, anche se il carico fiscale medio su questi prodotti e il loro prezzo di mercato restano in Italia molto più bassi.

Veniamo adesso al Def. Le buone notizie che ho appena descritto dovrebbero agevolare la correzione dei conti in corso d'anno, forse riducendone anche la dimensione, e fornire un apporto positivo nei prossimi anni. Non bastano però a risolvere il problema di medio termine, dal 2018 in poi. Qui le questioni di maggiore rilievo sono due: gli obiettivi da concordare con l'Unione Europea, le clausole di salvaguardia (cioè il paventato aumento indiscriminato dell'Iva). È evidente che l'obiettivo di un deficit 2018 dell'1,2 per cento del Pil sia da ricontrattare e da portare il più vicino possibile al 2 per cento: Padoan è impegnato in una trattativa proprio su questo punto. Non conviene a nessuno in Europa che l'Italia torni in recessione per effetto di inutile *austerity*. La Commissione Europea ha stimato che, in conseguenza del peso dell'Italia e della sua interdipendenza con gli altri paesi, una nuova recessione italiana (con crisi del debito pubblico) costerebbe agli altri paesi mezzo punto di crescita per due anni.

Sulle clausole di salvaguardia va fatta chiarezza: non sono un'eredità dei governi di questa legislatura, furono in verità introdotte in uno degli ultimi decreti Berlusconi-Tremonti (n. 138 dell'agosto 2011). Monti le ha mantenute, pur ridisegnandole. Letta e Renzi le hanno limate e hanno evitato anno dopo anno che scattassero in via automatica. Può darsi che anche nel 2018, una volta modificato l'obiettivo di deficit e registrato (e rafforzato) l'aumento delle entrate tributarie derivante dalla riduzione dell'evasione Iva, una nuova soluzione parziale sia raggiungibile, rimandando alla prossima legislatura la soluzione definitiva.

Resta il fatto, tuttavia, che la manovra per il 2018 non potrà non contenere azioni di spesa aggiuntiva a sostegno della crescita e dell'occupazione (sgravi di imposte e contributi sul lavoro, soprattutto per i giovani; aumento degli investimenti pubblici). Con quali coperture finanziarie? Saranno sufficienti l'aumento strutturale delle entrate e i proventi di ulteriori misure anti-evasione? Su questi nodi dovrà esprimersi il Def che Gentiloni e Padoan stanno preparando. Un potenziale bacino di risorse aggiuntive potrebbe derivare dallo sfoltimento dei numerosi, e non sempre efficaci, regimi di agevolazione tributaria, partendo anche qui dall'Iva. Da una riduzione, insomma, dell'erosione fiscale. Finanziare in questo modo una riduzione del carico tributario e contributivo sul lavoro ha effetti positivi non solo sulla crescita ma anche sulla distribuzione del reddito: il beneficio netto andrebbe a vantaggio del 50 per cento delle famiglie meno ricche del paese, con benefici crescenti al diminuire del reddito.

Può sembrare politicamente ingiusto che un governo che ha soltanto un anno di vita residua sia tenuto a produrre strategie a medio termine, a pochi mesi dalla scadenza elettorale. E però pensiamo per un attimo allo scenario alternativo, di un governo che dovesse annunciare che ogni decisione viene rimandata alla futura legislatura, lasciando incertezza su clausole di salvaguardia e rispetto degli obiettivi di bilancio. Non è difficile prevedere una veloce ventata di sfiducia, con l'aumento dei tassi di interesse sul debito pubblico italiano. Il costo politico sarebbe, ovviamente, comunque a carico del Pd e del centrosinistra. È meglio in tutti i sensi dimostrare che Pd e centrosinistra sono in grado di progettare il futuro. In questo passaggio l'Europa deve aiutare l'Italia; mai come adesso però l'Italia deve mostrarsi in grado di aiutare sé stessa.

Contro il fatalismo del declino: cosa sa fare e cosa può fare l'Italia per tornare a crescere[2]

Si iniziò a parlare di "declino dell'Italia" nei primi anni del nuovo millennio. Nel maggio 2005 l'*Economist* dedicò la copertina alla nostra penisola, raffigurata barcollante e appoggiata a tante stampelle. Titolo del servizio: *The real sick man of Europe*, il vero malato d'Europa. Eppure in quegli anni crescevamo, magari poco e male, ma il Pil era in zona positiva.

Cosa si dovrebbe dire allora dell'Italia che esce da sette anni di Grande Recessione? Il confronto fra 2015 e 2008 nei numeri dell'economia sembra quello di una paese che ha attraversato una guerra: abbiamo perso il 10 per cento del Pil, il 17 per cento del prodotto industriale, un milione di posti di lavoro, il 30 per cento degli investimenti; la disoccupazione è raddoppiata, sono aumentate le diseguaglianze socio-economiche fra le persone e le distanze fra le imprese, fra quelle che sono riuscite a sopravvivere e crescere, quelle che non ce l'hanno fatta, quelle che restano a metà del guado.

[2] Recensione del libro di Anna Giunta e Salvatore Rossi, *Che cosa sa fare l'Italia. La nostra economia dopo la grande crisi*, Roma-Bari, Laterza, 2017. L'Unità, 3 marzo 2017.

Uscire dal declino si può. Ma dobbiamo farlo con le nostre mani e abbiamo bisogno di tempo. Se prima era declino, oggi l'Italia è un malato incurabile? La risposta di Anna Giunta e Salvatore Rossi nel bel libro edito da Laterza (*Che cosa sa fare l'Italia. La nostra economia dopo la grande crisi*) è no. Nel sistema Italia circolano sufficienti anticorpi e proteine per avviarsi alla guarigione.

Il punto è che dobbiamo metterli in moto noi stessi, trovare la voglia e le energie per farlo con le nostre mani, dal di dentro del paese, senza aspettarci aiuti e senza invocare qualche vincolo esterno che ci obblighi a farlo.

Anzi l'uso politico dei vincoli esterni, le politiche pavide del "legarsi le mani", di non raccontare la verità all'opinione pubblica e di rigettare ogni responsabilità sull'Europa ("è un obbligo europeo", "basta con i burocrati europei") utilizzate in tanti paesi dell'UE portano una buona parte di responsabilità per la crescita dei sentimenti anti-europei e della diffidenza fra i popoli: un elemento di corrosione pericoloso che spesso vediamo agire, per fare un esempio, quando in Italia si parla di Germania e, reciprocamente, quando in Germania si parla d'Italia.

E poi ci vuole tempo. Piercarlo Padoan, presentando il libro di Giunta e Rossi nella biblioteca della sede romana degli editori Laterza, ha usato parole molto chiare. Il mantra dominante nell'eurozona è che ciascuno deve fare la sua parte con le riforme strutturali e che solo così i risultati macroeconomici miglioreranno. Ma non è per nulla chiaro quali siano i meccanismi di trasmissione fra riforme e macroeconomia. L'unica cosa evidente è che ci vuole tempo, in qualche caso molto tempo.

Le politiche di riforma strutturale hanno bisogno di periodi lunghi per essere attuate e altrettanto lunghi per esercitare effetti. Ne segue che i governi devono essere stabili e gli obiettivi politici che la comunità-paese affida ai governi devono mantenere coerenza intertemporale. In questo quadro è possibile chiedere alle istituzioni semi-federali sovranazionali europee di "dare tempo". Draghi ha acquistato tempo sui debiti sovrani con il bazooka delle Omt, il programma di eventuali acquisti illimitati della Bce sui titoli di Stato di un paese sotto attacco speculativo. Di altre importanti innovazioni politiche in Europa si sta discutendo: ad esempio sulle politiche industriali, con il recente documento dei Ministri dell'industria dei più grandi paesi europei, e sulle politiche di bilancio, con le proposte avanzate dal gruppo di riflessione Monti o con quelle che l'Italia ha lanciato un anno fa nel documento Padoan (sussidio europeo di disoccupazione, condivisione dei rischi, completamento dell'Unione bancaria, eccetera).

Cosa sappiamo fare. L'Italia nelle catene globali del valore. All'Europa possiamo chiedere tempo ma il lavoro da fare è nostra responsabilità. Giunta e Rossi descrivono bene cosa sappiamo fare e cosa dovremmo e potremmo fare, partendo da un'attenta analisi dei punti di forza e di debolezza del paese.

L'Italia è un paradosso riassumibile in due dati: abbiamo da più di vent'anni una crescita della produttività fra le più basse al mondo, ma nel 2016 abbiamo raggiunto il più elevato avanzo di bilancia commerciale della nostra storia, secondo in Europa alla sola Germania già da molti anni. Com'è possibile questo? La risposta è che un'importante pattuglia delle nostre imprese è riuscita a posizionarsi in modo eccellente dentro le nuove modalità produttive internazionali, le catene globali del valore.

Nel mondo di oggi non c'è più distinzione fra industria e servizi: ogni prodotto industriale ha dentro di sé ampie componenti di attività di servizio (ricerca e sviluppo, distribuzione, marketing, assistenza al cliente) e ogni attività di servizio utilizza importanti basi industriali (infrastrutture, reti, sistemi informatici e di comunicazione, beni strumentali). Nel mondo di oggi la maggior parte dei beni e servizi non è interamente prodotta dentro un paese, ma assemblando fasi produttive successive che possono essere svolte in diversi paesi: sono queste le catene globali del valore. La competizione fra paesi non è più sul prodotto finale, come quando nel XIX secolo Ricardo elaborò la teoria dei vantaggi comparati, ma sui compiti produttivi che aggiungono "segmenti" di valore al prodotto. Il nuovo assetto produttivo è figlio delle tecnologie dell'informazione e della comunicazione, della riduzione dei costi di trasporto e di logistica e della liberalizzazione dei commerci internazionali.

Giunta e Rossi raccontano questa rivoluzione con semplicità. Descrivono casi concreti di storie d'impresa. È un racconto importante per capire tratti essenziali della fase politica internazionale che stiamo vivendo. La campagna neo-protezionistica di Trump si scontrerà prima o poi col fatto che l'aumento delle imposte sull'import statunitense non colpirà soltanto beni finali assemblati in altri paesi, ma anche tanti beni intermedi utilizzati dalle imprese americane. Di fronte alla rinascita di sentimenti nazionalistici in Europa bisogna sapere e far sapere che dentro ciascun prodotto finale assemblato in ogni paese ci sono importanti segmenti produttivi provenienti da altri paesi: dentro un'automobile tedesca ci possono essere freni italiani, dentro un'automobile italiana ci possono essere vetri francesi, dentro un mobile Ikea ci può essere legno lavorato in Italia.

I risultati straordinari dell'export italiano sono figli della capacità di un pezzo del nostro sistema produttivo di conquistare posizioni importanti come fornitori di prodotti intermedi che richiedono elevata tecnologia e specializzazione.

Cosa possiamo fare. Creare un habitat favorevole alla crescita delle imprese. Le imprese italiane sono storicamente abituate alla subfornitura: l'hanno praticata fin dagli anni Settanta con il decentramento produttivo delle grandi imprese e nei distretti industriali. Per quelle che ci sono riuscite, l'abitudine a lavorare per "segmenti" dentro una catena del valore è diventata un elemento di vantaggio competitivo. Mentre andavano in crisi molti dei tradizionali distretti industriali del *made in Italy*, il settore che ha meglio tenuto è la meccanica, oltre all'agroindustria, al lusso e in parte ai beni per la casa.

Fin qui i punti di forza. Perché non sono sufficienti a rimettere l'Italia sulla carreggiata della crescita? Primo, perché le imprese ben posizionate come subfornitori specializzati sono poche, non più del venti per cento, contro un altro venti per cento che sembra ormai incurabile e il restante magma del sessanta per cento che naviga in un "grande golfo" in cui non è chiaro prevedere se riusciranno a raggiungere la Scilla della modernizzazione o se scivoleranno verso la Cariddi dell'uscita dal mercato.

Secondo, perché abbiamo pochissime imprese che recitano nelle catene globali del valore la parte più importante: architetto della catena e proprietario del marchio del prodotto finale. Per raggiungere questo ruolo bisogna investire in ricerca e sviluppo, innovare prodotti e processi, gestire reti produttive e commerciali globali. Tutto ciò è possibile solo per imprese di grande dimensione. L'Italia ne ha pochissime, la frammentazione produttiva è uno svantaggio. Inoltre le imprese medie e medio-piccole di successo hanno difficoltà, in qualche caso paura, di crescere. Quello che possiamo fare secondo Giunta e Rossi è determinare le condizioni affinché le imprese con potenziale di crescita possano realizzare questo potenziale.

Condizioni interne alle imprese in primo luogo, con incentivi e azioni dirette per gli investimenti, il rafforzamento patrimoniale, il sostegno alla ricerca e all'innovazione. Molti strumenti sono stati messi in campo a partire dal 2012: detassazione dei nuovi apporti di capitale; super-ammortamento; intervento diretto dello Stato tramite Cassa Depositi e Prestiti e i suoi fondi di *private equity*; incoraggiamento a tutte le forme di finanziamento non bancario (*mini bond*, *venture capital*); fondi europei per la ricerca; programma

Industria 4.0; nella legge di bilancio 2017 riduzione dell'imposta sulle società ed estensione alle piccole imprese dell'incentivo fiscale alla patrimonializzazione. Bisogna andare avanti su questa strada, perseverare, monitorare con attenzione l'efficacia di queste politiche per eventuali correzioni. Essere consapevoli che c'è bisogno di tempo per raggiungere i risultati desiderati.

In secondo luogo condizioni esterne alle imprese, per modificare le quali c'è bisogno non solo di tempo ma anche di un grande impegno politico. Giunta e Rossi si soffermano in particolare sul sistema bancario e su quelli della giustizia e dell'istruzione. Non dimenticano di puntare il dito sulle rendite di posizione nei settori protetti dalla concorrenza e sui labirinti delle procedure amministrative dello Stato e degli altri enti pubblici. Esprimono preoccupazione per le conseguenze del risultato referendario del 4 dicembre 2016. Sottolineano che alla strada delle riforme strutturali non c'è alternativa e che è necessario lo sforzo politico di farne maturare la comprensione e la condivisione fra le persone e le categorie che vi sono coinvolte.

La crisi bancaria. Un capitolo del libro è dedicato a banche e finanza. Sono pagine dense e importanti nelle quali uno degli autori del libro, direttore generale di Banca d'Italia, compie il difficile esercizio di sottoporre ad analisi e interpretazione vicende di cui è stato diretto testimone. La descrizione delle promesse non mantenute dal progetto di Unione bancaria europea getta luce su un pezzo importante della recente storia italiana, su vicende di cui si discuterà ancora a lungo.

È un racconto equilibrato, sobrio, puntuale, prudente, com'è giusto che sia per un banchiere centrale. Penso che se ne possano trarre conclusioni politiche su cui gli autori, comprensibilmente, non si avventurano, mentre chi scrive questa recensione, e ha seguito molte delle vicende dall'osservatorio del Parlamento, è stimolato a farlo dalla lettura del loro testo. I punti sono due: le distorsioni indotte dai modelli di proprietà bancaria non capitalistica; la sottovalutazione politica della questione bancaria fra 2012 e 2015.

Il sistema italiano è banco-centrico. Lo strumento più diffuso è lo scoperto di conto corrente ed è altrettanto diffusa la pratica del multiaffidamento: un'impresa ha rapporti con più di una banca, così le banche si suddividono il rischio e l'impresa può evitare che un soggetto esterno sia a conoscenza di tutte le informazioni che la riguardano.

Si tratta di una peculiarità italiana: non a caso fra le cose che stiamo facendo e dobbiamo continuare a fare c'è il rafforzamento dei canali finanziari diversi da quello bancario. Ma c'è di più: la caratteristica territoriale policentrica degli insediamenti di popolazione e imprese in Italia ha portato alla diffusione di istituti bancari di dimensione locale; molti sono cresciuti storicamente in forme cooperative normali o ibride (banche popolari) e hanno assetti di *governance* che rendono difficile l'acquisizione di nuovo capitale. Ciò ne blocca la crescita oppure, in caso di difficoltà, limita la capacità e velocità di reazione. In verità nella frase precedente bisognerebbe usare l'imperfetto, perché riforme importanti sono state introdotte negli ultimi due anni per superare questi vincoli nel settore delle banche cooperative e in quello delle popolari.

Il modello di *governance* delle banche territoriali prima delle riforme era portatore di potenziali distorsioni. Pur di non perdere il controllo della banca gli azionisti e *stakeholders* territoriali potevano, a fronte di opportunità di crescita che richiedono nuovo capitale, dare indirizzi al management di cercarlo in modi diversi da quello normale, e cioè dal mercato, pur di non vedere diluite le loro quote.

A ben vedere è da qui che nasce la crisi di Montepaschi (che è una SpA e che nel libro non viene trattata né citata). Non dalla "sinistra" che spolpa una banca, né da imprese truffaldine che non restituiscono il credito. Ma dall'obiettivo, sbagliato, della comunità di Siena e delle sue istituzioni civiche di non perdere il controllo del più antico istituto di credito d'Europa: un obiettivo municipalistico, che fa a pugni con prassi di gestione trasparente e moderna di una banca. La stessa distorsione ha portato piccole banche locali a struttura cooperativa ibrida (popolari), di fronte alla necessità di adeguare i requisiti di capitale, a ricorrere non al mercato, che porta dentro la banca soggetti in grado di controllare efficienza e gestione, ma al collocamento presso clienti, famiglie e imprese, di obbligazioni subordinate a rischio elevato.

C'è da augurarsi che la Commissione d'inchiesta sulle crisi bancarie che il Parlamento ha intenzione di varare lavori a una vera indagine conoscitiva su questi aspetti strutturali, leggendo con attenzione il capitolo 7 del libro di Giunta e Rossi. Se negli episodi reali di crisi bancaria si sono manifestati comportamenti soggettivi civilmente o penalmente rilevanti, essi vanno perseguiti nelle sedi proprie della giurisdizione, come sta avvenendo. C'è anche da sperare che l'iniziativa del Parlamento non produca intralcio alle indagini della magistratura. È già successo in passato con altre Commissioni d'inchiesta: un esito possibile quando le motivazioni dell'iniziativa politico-parlamentare hanno a che fare più con la comunicazione e lo scontro fra i partiti che non con la volontà di produrre conoscenza condivisa sull'analisi e l'interpretazione di questioni complesse.

Le promesse non mantenute dell'Unione bancaria. Il modello italiano banca-impresa non poteva non incontrare difficoltà dopo sette anni di recessione. Il fenomeno dei crediti deteriorati nasce dalla natura delle banche italiane, prevalentemente commerciali e non d'investimento, e dalla crisi di tante imprese, diventate totalmente o parzialmente insolventi durante la Grande Recessione. La crisi però è stata aggravata dall'evoluzione imprevista di alcuni indirizzi delle politiche europee che, come Giunta e Rossi dimostrano, non sono soltanto discutibili: sono palesemente sbagliati.

La mina vagante dei debiti sovrani, depotenziata dall'iniziativa della Bce, si trasferisce nel corso del 2012 sulle banche, che detengono ampie quote dei debiti pubblici degli Stati di appartenenza. La risposta fu il progetto di Unione bancaria, centrato su tre pilastri: fondo comune di garanzia dei depositi, schema comune di risoluzione delle crisi bancarie, sistema unico di vigilanza. Nelle parole di Giunta e Rossi: "Toccherà agli storici della politica internazionale e dell'economia spiegare che cosa maturò nelle cancellerie europee nel 2012 e nel 2013. Il risultato finale fu un rovesciamento di priorità: prima si procedette affrettatamente alla costituzione del Meccanismo unico di vigilanza e subito dopo alla messa a punto di un sistema di risoluzione delle crisi bancarie alquanto diverso dalle premesse". Del fondo comune di garanzia per i depositi bancari non si è più parlato, e non si parla neppure oggi, per l'opposizione tedesca.

L'unico obiettivo perseguito fu quello di impedire che future crisi bancarie fossero risolte ricorrendo a risorse pubbliche (*bail in*), e questo dopo che la Germania negli anni precedenti aveva aumentato il suo debito pubblico di 225 miliardi per intervenire a sostegno di banche nazionali in difficoltà. L'Italia ne aveva spesi soltanto due e non avrebbe potuto permettersi ciò che ha fatto la Germania. Resta il fatto che l'intervento europeo è fortemente asimmetrico e non sembra tenere in alcun conto l'obiettivo di stabilità del sistema finanziario.

Non è finita: l'Europa picchia l'Italia sulla questione bancaria in altri tre modi. La Direzione concorrenza della Commissione emette una comunicazione (atto amministrativo, non soggetto alla valutazione in sede di Consiglio o Parlamento) con cui impedisce agli esistenti fondi nazionali di tutela dei depositi, finanziati dal sistema bancario con risorse private, di essere utilizzati in casi di crisi bancaria (è attraverso questo fondo che, nei decenni passati, l'Italia aveva risolto le crisi bancarie salvaguardando la stabilità del sistema). La nuova vigilanza europea mette nel mirino i crediti bancari deteriorati più di quanto faccia con le perdite sulle operazioni speculative, ad esempio quelle in derivati, e le sue comunicazioni pubbliche infliggono più volte colpi alla reputazione di mercato delle banche italiane. Quando arriva la prima applicazione delle nuove normative, con quattro piccole banche italiane inserite alla fine del 2015 nei nuovi procedimenti di risoluzione prima che si avviassero verso il fallimento, i funzionari della Commissione decidono che i crediti deteriorati di queste banche devono essere valutati al 18 per cento del loro valore nominale. Un livello che Giunta e Rossi giudicano "irragionevolmente basso". In effetti i dati statistici esistenti mostrano che sull'insieme dei crediti deteriorati del sistema bancario italiano nel periodo che va dal 2011 al 2014 la percentuale di recupero è del 40 per cento.

Sottovalutazione della questione bancaria: figlia della debolezza della politica. È un complotto anti-italiano ordito dai governi nordici e dalle burocrazie europee? Giunta e Rossi rispondono di no: il peso geopolitico dell'Italia era debole e soprattutto poco credibile la nostra richiesta di mutualizzazione dei rischi (con l'assicurazione europea dei depositi) in assenza di contropartite sulla stabilità e sul rigore delle nostre pubbliche finanze, nonché sulla trasparenza dei comportamenti e sulla riforma delle regole nel nostro sistema bancario.

Se Giunta e Rossi hanno ragione oggi dovremmo essere più forti, dopo le riforme delle banche popolari e cooperative. Tuttavia io penso che c'è un elemento in più: siamo stati noi a non saperci difendere bene in questa partita, che vale molto più di qualche zero virgola di flessibilità sul bilancio pubblico. Fra 2012 e 2015 c'è stata una sottovalutazione della priorità politica che avrebbe dovuto essere assegnata alla questione bancaria.

Leggo questa sottovalutazione in due fatti, ciascuno dei quali porta a una conclusione politica. Primo, il trattamento fiscale degli accantonamenti nei bilanci bancari dei crediti deteriorati era molto penalizzante in Italia al confronto degli altri paesi europei e di fatto rappresentava un incentivo a non fare pulizia, a tenere nascoste le partite incagliate. Rimuovere quello svantaggio però, nella vulgata dominante della politica italiana, significa "fare un favore alle banche". Il governo ha trovato il coraggio di agire solo quando la crisi ha raggiunto livelli di guardia, nel 2015.

Secondo, Banca d'Italia chiedeva da molto tempo il potere di rimuovere singoli amministratori o gli interi consigli di amministrazione di istituti mal gestiti, ma lo ha ottenuto solo nell'estate del 2015: prima poteva utilizzare soltanto la *moral suasion* oppure doveva aspettare l'intervento della magistratura. Si vede bene qui il potenziale ruolo distorsivo esercitato dalle piccole banche locali e la loro capacità di "catturare" la politica.

Il discorso pubblico sulla questione bancaria italiana, insomma, è attraversato da superficialità, pressapochismo, populismo, pressione corporativa, rincorsa fra i partiti a dimostrare che non si fanno favori ai banchieri. La sottovalutazione del problema è figlia di questa debolezza, tutta interna alla politica e ai cortocircuiti perversi fra politica e comunicazione. Il merito di Anna Giunta e Salvatore Rossi è di fornire nel loro libro materiali, informazioni e valutazioni che offrono un contributo per migliorare il tono e la qualità della discussione pubblica.

Mercoledì nero[3]

Sarà difficile evitare, nello sgangherato bar sport della politica italiana, di leggere o ascoltare nei prossimi giorni interpretazioni "politicanti" della caduta della borsa italiana. Già me le immagino: i cattivi tedeschi puniscono l'italietta che ha osato alzare la voce; i mercati tolgono la fiducia a Renzi; e via sproloquiando. E già mi immagino gli esponenti delle opposizioni che, arrampicandosi sugli specchi, daranno ragione alla Germania e ai mercati – dimenticandosi magari di avere espresso in passato fiere opinioni anti-europee e anti-mercatismo – pur di dare torto al governo. Tutte fandonie.

Mettiamo allora due punti fermi. Primo, mercoledì 20 gennaio è stato nero per le borse di tutto il mondo e d'Europa. La flessione dei mercati azionari è cominciata alcuni mesi fa, in estate per l'esattezza, con epicentro New York e i titoli bancari USA. Soltanto a partire dal primo gennaio del nuovo anno Wall Street ha bruciato 2.000 miliardi di dollari. La tendenza ribassista è stata amplificata e rilanciata dalla Cina e dai paesi del Golfo. La prima alle prese con un mastodontico processo di aggiustamento macroeconomico, i secondi con il crollo del prezzo del petrolio, anche in seguito alla fine delle sanzioni occidentali all'Iran e al ritorno del greggio di quel paese sui mercati internazionali.

Secondo, la speculazione finanziaria ha fini di profitto, o di contenimento delle perdite. In uno scenario globale caratterizzato da crescente incertezza le aspettative sull'evoluzione futura delle variabili economiche si sganciano dai "fondamentali": l'importante è capire dove andrà il mercato, anticipare ciò che si aspetta l'"opinione media" (*the average opinion* del

[3] L'Unità, 21 gennaio 2016.

capitolo 12 della *General Theory* di John Maynard Keynes) e comportarsi di conseguenza. La politica non c'entra nulla, quello che contano sono le aspettative che si formano sui mercati e la convenienza per gli operatori a seguire il flusso dell'"opinione dominante".

Gli Stati Uniti, e le loro banche, vengono colpiti perché un prezzo del petrolio così basso mette fuori gioco i nuovi grandi giacimenti di *shale gas*, con grande soddisfazione degli ambientalisti e nonostante una crescita di quel paese al tre per cento, più del doppio di quella asfittica dell'Europa. Anzi, sono proprio la crescita abbondante e la disoccupazione scesa al 5 per cento a indurre una modifica nelle politiche della Federal Reserve, con l'aumento dei tassi d'interesse e il rialzo del dollaro.

Per l'Europa e per l'Italia i fattori macroeconomici favorevoli alla crescita continuano ad essere positivi: tassi d'interesse bassi, basso prezzo del petrolio (di cui non siamo produttori ma compratori), euro basso rispetto al dollaro, politiche di bilancio espansive (la politica fiscale europea nel 2016 produce una riduzione del saldo primario dei bilanci pubblici corretti per il ciclo di 0,3 punti di Pil, in Italia 0,7). Sono aumentati però, purtroppo, i fattori di incertezza: quelli che vengono dal terrorismo e dal conflitto in Medio Oriente; quelli che originano dai paesi emergenti, Cina ma anche Brasile e Russia; quelli legati all'anno elettorale negli Stati Uniti. E anche l'Europa ci mette del suo: mentre di fronte ai fattori globali di crisi ci vorrebbe un'Europa più forte e coesa, negli ultimi mesi l'Unione Europea non solo non ha fatto il salto di qualità necessario, ma si è divisa e si divide su uno spettro sempre più ampio di materie (dall'immigrazione all'energia, dal completamento dell'Unione bancaria ai sistemi di garanzia comuni).

Perché allora i mercati si accaniscono sull'Italia? Perché è aumentata l'incertezza e con essa il ruolo delle "opinioni dominanti". La fragilità dell'Italia oggi sono le banche a causa dell'elevato ammontare di crediti inesigibili: oltre 200 miliardi incagliati in prestiti che, per colpa della crisi economica, imprese e famiglie hanno difficoltà a restituire. Durante il 2015 il governo ha fatto due cose importanti per avviare a soluzione questo problema: una riforma degli istituti giuridici per il recupero dei crediti e l'allineamento della normativa fiscale italiana in materia di perdite bancarie, in passato penalizzante, agli standard europei. Ha poi avviato riforme strutturali per il rafforzamento dei segmenti più deboli del sistema bancario, con la riforma delle banche popolari, l'imminente riforma delle banche cooperative, il protocollo per la diluizione delle Fondazioni nel capitale delle grandi banche italiane. Le banche italiane si sono ricapitalizzate, hanno superato i rigorosi "stress test" messi in campo dalla nuova vigilanza europea e hanno già le risorse per coprire il 46 per cento di queste perdite.

Ma non basta, in assenza di procedure che permettano alle banche di liberarsi dei crediti "difficili": si tratta della famosa *bad bank*, utilizzata per risolvere le crisi bancarie in USA e in Germania (con aiuti finanziari dello Stato) e in Spagna (con aiuti dell'Unione Europea, quindi anche del nostro paese), ma la cui attuazione è bloccata da un'estenuante trattativa in corso da più di un anno con la Commissione Europea. L'"opinione dominante" che si è formata, allora, è che le banche italiane non sono un buon investimento: la speculazione ribassista si accanisce sui loro titoli azionari e trascina al ribasso l'intera borsa.

Che fare? Primo, mantenere i nervi saldi. Chi ha comprato titoli pubblici italiani alla fine del 2011, quando tutti li vendevano perché l'"opinione dominante" era che l'Italia non riuscisse a sostenere il suo elevato debito pubblico, ha fatto un ottimo affare. Oggi potrebbe essere un affare comprare titoli bancari. Secondo, accelerare in ogni modo la conclusione della trattativa sulla *bad bank* e sul completamento dell'Unione bancaria, anche alzando il livello del confronto politico con la Commissione Europea. Terzo, contribuire – per quanto è nelle possibilità dell'Italia – alla riduzione dei fattori di incertezza che gravano sullo scenario mondiale. A partire dalla necessità di un'Europa coesa e autorevole, capace di recuperare consenso e credibilità con i suoi cittadini affrontando e risolvendo il problema strutturale di una crescita economica insufficiente, e capace così di giocare un ruolo stabilizzante sullo scenario globale. Proprio nel momento in cui il Governo italiano alza il tono del confronto con la Commissione europea, viene affermata e confermata la storica e convinta adesione politica dell'Italia alla costruzione europea.

Un decalogo riformista per l'Italia[4]

Provo a elencare dieci punti di impegno e di approfondimento politico e culturale. Una sorta di decalogo riformista, un'agenda a medio termine che occorre tenere presente anche durante gli interventi di emergenza. È infatti chiaro ormai che gli interventi di emergenza devono avere una coerenza intertemporale a medio termine, pena una loro scarsa credibilità fin da oggi, e che questa coerenza non si può raggiungere (e con essa la necessaria

[4] RES, Rivista dell'associazione ARES, n. 4, 2011.

coesione nazionale) se accanto al rigore non si mettono in campo politiche strutturali di più ampio respiro. Partendo dall'Europa e passando poi all'Italia.

Cosa può fare la Germania per l'Europa? L'assalto speculativo all'Euro ha origine in mercati finanziari alla ricerca di guadagni a breve termine. Ma fa leva su profonde questioni reali che l'Europa deve sapere affrontare. La principale è la perdurante divergenza fra centro (Germania) e periferia (tutti gli altri paesi) negli andamenti reali (produttività, saldi della bilancia corrente). La condizione politica per superare questi squilibri è che la Germania accetti in pieno la dimensione europea delle sue azioni, misurando su quella dimensione costi e benefici delle diverse opzioni. Ad esempio: una politica fiscale coordinata dovrebbe prevedere rigore fiscale e restrizione nei paesi in deficit di bilancia corrente, ma non in Germania.

E se la politica fiscale tedesca non riesce ad assumere un tono espansivo, almeno si dovrebbe evitare di porre freni a una crescita salariale in Germania che incorpori i guadagni di produttività. In questo modo la domanda interna del paese centrale potrebbe dare un contributo all'aggiustamento degli squilibri commerciali dell'Unione, mentre nei paesi periferici in deficit i redditi reali e la domanda si contraggono. Poiché i salari in Germania stanno crescendo poco nel settore non coperto da contrattazione aziendale, una legge sui minimi salariali in quel paese permetterebbe di coordinare più ragionevolmente il percorso di aggiustamento.

Cosa può fare la Bce e in prospettiva l'Efsf per l'Euro? La crisi della costruzione europea degli ultimi 25 anni sarebbe un evento di tale portata storica, per il mondo ma ancora di più per le nostre comunità nazionali e locali, da obbligare tutti all'intelligenza e anche al rischio di proposte che solo qualche anno fa potevano sembrare "eretiche". Contro gli speculatori ribassisti delle attività denominate in Euro, la Bce, che dell'Euro è emittente, e in prospettiva l'Efsf, diventi compratore di ultima istanza con operazioni di mercato aperto. E non solo acquistando titoli pubblici ma anche azioni e obbligazioni. Potrà accadere anche in Europa ciò che abbiamo visto negli Stati Uniti, dove la Fed ha fatto profitti rivendendo, in condizioni di mercato normalizzate, i titoli acquistati nei giorni più duri della crisi per sostenere le banche.

Un'Europa non mercantilista. Le due linee di lavoro precedenti, di respiro europeo, hanno l'obiettivo di evitare uno scenario recessivo che invece rischia di profilarsi per effetto delle recenti decisioni di politica fiscale dell'Unione. In cambio si promette una ripresa trainata dalle esportazioni. Ma l'Europa rischia di non reggere e alcuni paesi europei rischiano di non potere risolvere il dilemma rigore-crescita solo affidandosi a un modello di sviluppo mercantilista trainato dall'export.

L'Europa deve accendere motori interni per la sua crescita, rilanciando gli investimenti pubblici ed evitando di deprimere in eccesso la domanda interna di consumi e di investimenti. Solo così potrà dare un contributo al riassorbimento degli squilibri macroeconomici globali che sono all'origine della crisi. Un'Europa alla mercé dei mercati, incapace di difendere il cambio dell'Euro e per di più dominata da intonazioni recessive e mercantiliste, rischia di restare marginale e ininfluente nella costruzione dei nuovi equilibri di *governance* globale del dopo crisi.

Quali motori di crescita per l'Italia? Un ragionamento del tutto analogo si può applicare all'Italia. Secondo alcuni l'unico motore di sviluppo per l'Italia sono i distretti della manifattura leggera del centro-nord. Non ci sarebbe alternativa: siamo aggrappati alla ripresa dell'export della meccanica leggera e del *made in Italy*. Poiché siamo il secondo paese manifatturiero d'Europa la linea mercantilista scelta dalla Germania conviene anche a noi. È questo il retroterra economico-politico espresso dalla coalizione di governo dopo le elezioni del 2008, soprattutto quando si accanisce contro il mezzogiorno, visto solo come palla al piede del paese. Insomma: dalla critica al mercatismo il governo italiano è passato al sostegno al mercantilismo e poi ...via pedalando a rimorchio dei distretti industriali.

Non intendo certo sottovalutare il ruolo propulsivo e il potenziale di sviluppo dei distretti di manifattura leggera del centro-nord. Essi tra l'altro stanno davvero pedalando bene sul piano dell'export, sia nel 2010 che nei primi mesi del 2011, anche se questo non ha risolto i nostri problemi di bilancia corrente, visto che si è anche realizzata una vistosa crescita della penetrazione di importazioni. Il mio argomento non è in contraddizione con quelli di Fortis, che nei suoi contributi sui punti di forza della nostra manifattura ci aiuta a sfatare un certo clima di "declinismo" che negli anni passati la discussione pubblica italiana ha accettato un po' troppo passivamente. Il mio punto però è che la base economica raccolta intorno ai distretti è troppo piccola per riuscire, da sola, a tenere in piedi tutta l'Italia.

Oltre i distretti. È così che io leggo le cause che hanno portato buona parte del nord a dare una rappresentazione politica di sé connotata dal disagio, trasferendo poi questo disagio anche verso parole d'ordine inaccettabili e obiettivi irrealizzabili. Perché i distretti da soli non ce la fanno. È allora necessario attivare ulteriori motori di crescita per un paese di quasi 60 milioni di abitanti, "troppo lungo" (come capirono gli arabi e ci ricorda Giorgio Ruffolo[5]) e che voglia restare unito: l'industria di base, a partire da quella energetica, cruciale per la riconversione verde dell'economia; le industrie e le logistiche collegate alle grandi reti e alle infrastrutture collettive, dalle telecomunicazioni all'energia, dai trasporti navali a quelli ferroviari e metropolitani, dall'acqua alle infrastrutture ambientali; i moderni settori dei servizi avanzati, da quelli che viaggiano sulla rete all'audiovisivo, dalla ricerca ai servizi professionali, il cui sviluppo è frenato dalle rendite monopolistiche (o duopolistiche) e da coalizioni d'interessi contrarie alle innovazioni e alle liberalizzazioni; il settore cultura-turismo, su cui l'Italia vanta specializzazioni produttive e vantaggi comparati almeno uguali a quelli dei distretti manifatturieri del centro-nord.

Ripensare l'intervento pubblico, riqualificare la spesa pubblica, riformare le istituzioni repubblicane. Insomma, la politica economica per far tornare l'Italia a crescere deve avere un respiro più largo di quello implicito nell'ipotesi mercantilista. E questo coinvolge le risorse del sistema finanziario e industriale, gli apparati di regolamentazione e, *last but not least*, l'intervento pubblico.

L'alternativa all'Italia mercantilista passa per un nuovo intervento pubblico che: (a) non sia produttore di spesa aggiuntiva, poiché anzi dovrà assumere obiettivi stringenti di rigore finanziario per far tornare l'avanzo primario a livelli sufficienti al pagamento di interessi e debito, un debito che intanto dovrà cercare di abbattere con un programma pluriennale di dismissioni; (b) persegua obiettivi di efficienza e di riduzione della spesa (costi standard), da applicare non soltanto agli enti locali ma all'intero perimetro della pubblica amministrazione; (c) sappia finalmente coordinare le istituzioni federaliste introdotte con la riforma del Titolo V della Costituzione, assegnando a ciascuna compiti specifici, riducendo ridondanze e duplicazioni, garantendo costi efficienti per l'esercizio delle funzioni pubbliche di prossimità e di area vasta; (d) sappia distinguere ciò che è essenziale da ciò che essenziale non è, concentrando solo sull'essenziale la presenza pubblica; (e) valorizzi tanti cespiti patrimoniali pubblici estendendo il lavoro in

[5] Giorgio Ruffolo, *Un paese troppo lungo*, Einaudi, Torino, 2009.

questa direzione dallo Stato ai Comuni, dalle Regioni alle Camere di Commercio; (f) accetti la scommessa della sussidiarietà, dando più spazio alle istituzioni di prossimità, a un vero federalismo solidale, alla sostituzione di modelli di intervento burocratici e autoreferenziati con modelli flessibili, orientati all'utenza e adeguatamente certificati.

E abbia infine il coraggio di costruire un rapporto radicalmente rinnovato fra politica e istituzioni: più spazio all'indipendenza dalla politica dei corpi intermedi, più spazio alla competenza e al merito, più lontananza fra decisione politica e decisione gestionale e amministrativa, una politica più leggera, un Parlamento più snello ed efficiente, con una delle due Camere dedicata al funzionamento delle istituzioni locali e regionali, più trasparenza, più terzietà, più sobrietà, eliminazione dei conflitti d'interesse.

Riforma fiscale. Alle misure per l'emergenza dovrà affiancarsi una riforma fiscale di respiro lungo, la quale non potrà che basarsi su un obiettivo: meno tasse su lavoro e impresa, più tasse su rendita, patrimoni e consumi. Nel passaggio emergenziale uno degli errori commessi dal governo Berlusconi è stato di rimandare *sine die* segnali di intervento sul fronte del costo del lavoro, fondamentali in una situazione di impossibilità di svalutazione del cambio nazionale (cuneo fiscale, Irap per la componente costo del lavoro, credito d'imposta per l'occupazione). Anche manovre incrociate fra Iva e costo del lavoro sarebbero efficaci in questa direzione. Le riforme di medio termine dovranno riguardare l'uniformità di imposizione sulle rendite finanziarie, una più incisiva separazione nei redditi delle imprese individuali fra redditi da lavoro e redditi da impresa, con una forte agevolazione per la seconda componente, un ripensamento dell'incerta architettura dell'autonomia tributaria delle regioni e degli enti locali costruita nei decreti attuativi del federalismo fiscale. Dovrà poi essere assunto un vincolo: destinare a riduzioni di imposta su lavoro e impresa i proventi di una rafforzata lotta all'evasione fiscale, che andrà fatta con maggiore incisività chiudendo l'era dei condoni e degli scudi e utilizzando gli strumenti della tracciabilità e dell'incrocio fra banche dati.

Demografia, immigrazione, occupazione, sostenibilità dei regimi pensionistici. La crisi strutturale dell'economia italiana e la crisi di tante istituzioni sociali e collettive del paese (ovvero il loro mancato completamento in senso universalistico) hanno alla lunga generato un rischio di avvitamento malthusiano. Con una popolazione in declino le prospettive di crescita si riducono ancora di più. Elementi di depauperamento demografico e di decrescita malthusiana sono emersi in molte zone del mezzogiorno e fanno parte del peggioramento delle condizioni di dualismo che il paese sta sperimentando da alcuni anni.

La debolezza demografica non è certo l'unica causa della accentuata dinamica migratoria, e ad essa concorre con altre cause di natura esogena, legate non solo, ovviamente, a quello che succede nei paesi e continenti degli *incoming*, ma anche alla segmentazione del mercato del lavoro e all'incompletezza dei sistemi di sicurezza sociale, in particolate nel campo della non autosufficienza. In prospettiva è ineludibile costruire condizioni di sostenibilità per la popolazione immigrata. E ragionare su scenari demografici e occupazionali che rendano a loro volta sostenibile il debito pensionistico. Dobbiamo avere chiaro che nel medio termine una deriva neo-malthusiana rende insostenibile il nostro sistema e che al contrario demografia, immigrazione, occupazione e sostenibilità dei sistemi di *welfare* hanno forti interrelazioni reciproche, sulle quali c'è troppa distrazione in Italia, al contrario di quanto avvenuto con importanti riforme in vari paesi del Nord Europa.

Mezzogiorno. Si tratta di uno dei motori di crescita inceppato, o mancante, al sistema paese. Un'agenda riformista deve prevedere due nuovi punti di partenza. Il primo è relativo alle categorie interpretative che impieghiamo per l'analisi del sud. È proprio vero, e fino a che punto è vero, che la colpa dell'inefficacia dell'intervento aggiuntivo dell'ultimo decennio sia tutta delle regioni e degli enti locali, visto che le percentuali di spesa e il grado di raggiungimento degli obiettivi dei programmi gestiti da autorità centrali sono altrettanto deludenti? Ed è proprio vero che concentrando l'intervento su poche grandi opere infrastrutturali saremmo in grado di superare i problemi del passato?

L'impressione è che sia necessario uscire dal pendolo storico che ci fa oscillare ciclicamente fra Nitti (intervento centrale, scarsa fiducia nelle classi dirigenti del sud) e Salvemini (intervento decentrato, costruzione delle capacità di autogoverno delle comunità del sud).

Il secondo punto di partenza è legato alla costruzione di una moderna interpretazione del federalismo anche nel sud. Un federalismo che, colpevolmente, la coalizione di governo di centro-destra a trazione leghista ha sempre declinato in modo punitivo nei confronti del sud, mentre potrebbe essere la chiave di volta per costruire una nuova stagione di politiche di riequilibrio in cui interventi di carattere nazionale e locale si integrino, nuovi modelli di *governance* federali vengano sperimentati, insieme a procedure di programmazione più flessibili e accessibili ai soggetti locali territoriali.

Distribuzione del reddito. Il peggioramento della distribuzione dei redditi interna ai paesi è una delle grandi novità del mondo post 1989, il mondo della globalizzazione. L'Italia ha conosciuto questo fenomeno più di altri paesi. Altri indicatori di diseguaglianza si sono ridotti (ad esempio quelli fra i livelli medi di reddito dei paesi avanzati al confronto con i paesi emergenti), ma in generale le diseguaglianze interne sono aumentate dovunque, anche nei paesi che oggi fanno parte del G20 e ieri non facevano parte del G7.

L'analisi di queste tendenze ci porterebbe molto lontano, anche perché diverse sono le forze in campo a seconda che si analizzino i paesi avanzati e i paesi emergenti. Nei primi la globalizzazione ha in qualche modo "liberato" il saggio di profitto dai meccanismi di regolazione impliciti nel mondo di Bretton Woods e comunque continuati anche dopo la crisi di quel sistema con varie forme di "compromesso socialdemocratico" ovvero di regolazione "sociale" del mercato. Nei secondi emerge una dinamica ben nota, che vede le intense fasi di accumulazione originaria e di "salto" nello sviluppo coincidere con aumenti delle diseguaglianze (ad esempio fra città e campagna).

Al di là di questi fenomeni di carattere generale, in Italia agiscono ulteriori tre elementi che devono essere al centro dell'agenda politica: (a) accanto a salari e profitti la distribuzione del reddito è fatta anche da rendite, e il peso di queste in Italia sembra essere andato molto al di là di quanto avvenuto in altri sistemi, con una grave ipoteca per i margini consentiti alla crescita dei redditi da lavoro e da impresa; (b) sulla distribuzione personale dei redditi ha impatto non solo la distribuzione funzionale ma anche la redistribuzione fiscale e la provvista di beni pubblici essenziali, ed entrambe in Italia hanno ridotto il loro ruolo, la prima per la progressiva erosione della progressività del sistema fiscale, la seconda per l'incompletezza del nostro Stato sociale (si pensi soltanto all'aumento del costo e delle difficoltà di accesso al bene casa); (c) il rapporto fra salari e produttività, e quindi quella che viene definita la flessibilità "reale" del salario, mostra ancora importanti margini di miglioramento, che vanno perseguiti con adeguate riforme dei sistemi di contrattazione, le quali potrebbero essere rafforzate e corroborate dall'ampliamento e dall'istituzionalizzazione di meccanismi di partecipazione dei lavoratori alla *governance* delle imprese.

La sinistra e i sacrifici: cosa ci insegna la storia[6]

È proprio vero che quando la sinistra va al governo in Italia i ceti popolari devono stringere la cinghia? È questa la tesi che circola in alcuni commenti sulle vicende di queste ore. Ripresa più volte, ad esempio, da Gad Lerner ne "L'infedele". Si tratta di una tesi infondata, frutto di una lettura superficiale di alcuni eventi del passato.

Certo, in linea generale, avendo la sinistra italiana sempre avuto, nelle sue componenti più importanti, una forte impronta "nazionale", ad essa è più volte toccato il compito di partecipare o contribuire al governo del paese in momenti di emergenza (vedi la crisi del 1974-75, dopo l'aumento del prezzo del petrolio e la fine del sistema monetario di Bretton Woods). La correlazione fra emergenze nazionali e scesa in campo della sinistra potrebbe allora fornire una spiegazione molto semplice: la sinistra si assume responsabilità nei momenti difficili, ergo sembra che sia costretta a "far soffrire" il popolo, in realtà i sacrifici dipendono dall'emergenza.

Ma a ben guardare non è neppure così. Ci si dovrebbe infatti domandare quali esiti avrebbero avuto le politiche anti-emergenza se la sinistra, tramite la sua attiva presa di responsabilità, non avesse presidiato gli interessi dei più deboli. Siamo davvero sicuri che l'antagonismo o l'aventinismo avrebbero protetto (o potrebbero proteggere) di più i ceti popolari?

Il caso storico più importante è quello delle politiche di stabilizzazione finanziaria e disinflazione messe in campo dai governi Amato e Ciampi nel 1992-93 in seguito alla crisi del sistema monetario europeo e alla svalutazione della lira. Gli accordi di politica dei redditi di quegli anni provocarono grandi lacerazioni, ma Bruno Trentin si assunse la storica responsabilità di firmarli.

Gli esiti di quella scelta danno ragione a Trentin: in tutti gli anni che vanno dal 1996 al 2001 le retribuzioni reali dei lavoratori dipendenti sono cresciute, avvantaggiandosi dell'aumento di potere d'acquisto derivante dalla riduzione dell'inflazione (vedi tabella). Mai più, nel decennio successivo, le retribuzioni reali dei dipendenti sarebbero cresciute come hanno fatto dopo gli accordi di politica dei redditi, fatto salvo il biennio 2004-2005, dove però a trainarle è stato il settore pubblico.

Non solo, quindi, non è vero che la sinistra è costretta a limitarsi, per responsabilità nazionale, al mero ruolo di far "trangugiare" i sacrifici. Se è capace di mettersi in gioco dentro un progetto strategico per il paese, la

[6] www.scuoladipolitica.it, 18 novembre 2011.

sinistra è in grado di svolgere concretamente la sua funzione di presidio dell'equità e della coesione sociale. Una funzione che, invece, aventinismo o antagonismo non garantiscono affatto.

Certo, i problemi che ci stanno di fronte oggi non sono quelli del 1992-93, e per alcuni versi sono ancora più complicati e drammatici. Motivo in più per rimboccarci le maniche, evitando di distorcere una memoria storica di cui la sinistra riformista italiana non può che andare fiera.

	1996	1997	1998	1999	2000	2001
Retribuzioni monetarie	5,3%	3,6%	2,5%	2,8%	3,0%	3,3%
Inflazione	4,0%	2,0%	2,0%	1,7%	2,6%	2,8%
Retribuzioni reali	1,3%	1,6%	0,5%	1,1%	0,4%	0,5%

Quando è finito il XX secolo?[7]

Eric Hobsbawn propose qualche anno fa di far finire il XX secolo, il "secolo breve", nel 1989. Può darsi che in futuro qualche storico proponga invece di farlo durare fino alla grande crisi del 2008. Perché questa crisi segna la fine dell'equilibrio geo-politico-economico stabilitosi dopo la caduta del muro di Berlino. E proietta il mondo verso nuovi e inediti scenari.

La crisi mondiale, pur essendo esplosa come crisi finanziaria, ha profonde radici reali nel mondo che si è venuto costruendo a partire dalla seconda metà degli anni '80. I punti cruciali sono tre: il deficit americano, che ha permesso agli Stati Uniti di correre, fino ad inciampare; la crescente libertà di movimento non solo dei capitali e delle merci, ma anche delle persone, con l'aumento dei flussi migratori; lo sviluppo dell'Asia, ma anche di altre nuove potenze economiche regionali a medio reddito.

Il deficit americano è stato reso possibile dal ruolo peculiare del dollaro e dalla volontà dei paesi esportatori negli USA (Cina) e di quelli produttori di petrolio di detenere in dollari le proprie riserve. Questo deficit ha fatto crescere il mondo. E lo ha fatto crescere soprattutto durante gli anni '90, quando più della metà della crescita mondiale è stata trainata dagli USA.

[7] www.marcocausi.it, 8 luglio 2009.

Nel primo decennio del nuovo millennio, invece, il deficit americano spiega solo il 20% della crescita mondiale.

Le tesi di Tremonti sul presunto fallimento del riformismo mondiale degli anni '90 (Clinton, Blair) vanno rispedite al mittente. Al contrario, è stata la destra americana negli anni successivi al 2001 a capovolgere gli effetti delle politiche degli anni '90. Lo ha fatto con la guerra, con una deregolamentazione sfrenata dei mercati finanziari, con una politica dello struzzo nei confronti delle tensioni speculative (sul mercato immobiliare interno così come su quello dei prodotti petroliferi). Lo ha fatto riducendo il ruolo propulsivo degli Stati Uniti nei confronti del resto del mondo. Una destra americana, quella dei governi Bush, che ha trovato proprio nei governi della destra italiana presieduti da Berlusconi uno dei principali cantori e alleati.

Insomma, non saranno "Dio, patria e famiglia" a salvare le basi della crescita e della coesione mondiale, ma un nuovo governo dell'economia planetaria: nuove regole, nuove istituzioni di vigilanza, nuova cooperazione fra i paesi, nuova cultura nelle istituzioni economiche internazionali. Finanche, forse, un nuovo assetto del sistema monetario, con la riduzione della centralità del dollaro.

La leadership di Obama si rivela in questo senso fondamentale. Obama è chiamato a gestire un assestamento della centralità economica americana senza che ciò si trasformi in aumento dell'instabilità politica. L'Europa dovrebbe aiutarlo di più. L'Europa infatti è restata troppo spesso ai margini, bloccata dalla mancata evoluzione del suo assetto istituzionale e dal freno rappresentato dall'indirizzo politico in Germania. Un indirizzo sempre volto a obiettivi mercantili (esportazioni), che non ha aperto finora la strada a vere politiche di sostegno della domanda e della crescita interna europea (eurobonds, investimenti pubblici aggiuntivi, condivisione dei rischi). Con un deficit di credibilità, quindi, quando si tratta di spingere le nuove potenze mercantili (Cina) verso il superamento di una fase di sviluppo basata sulle esportazioni, verso una nuova priorità di cura degli squilibri sociali e territoriali interni, verso nuovi massicci investimenti sui servizi universali e sulle assicurazioni sociali, a cominciare dalla sanità e dalla previdenza.

E tuttavia l'Europa è molto diversa da venticinque anni fa. Un grande spazio comune, una moneta unica che lega il cuore più forte dei paesi dell'Unione, l'abbattimento di frontiere che per centinaia di anni, sono state teatro di guerre che l'evoluzione tecnologica ha reso sempre più feroci e cruente.

A me sembra che lo scenario mondiale confermi l'ispirazione del Partito Democratico. Un partito nato per andare oltre le ideologie e le culture politiche del XX secolo. Che si vuole confrontare con un mondo interamente nuovo. In cui, attenzione, non sono finiti i conflitti politici e gli squilibri sociali. E in cui, crollate le ideologie iper-liberiste, occorrerà ricostruire una nuova (e alta) funzione di indirizzo e di intervento politico: per la regolazione, per la vigilanza, per la cooperazione internazionale, per la coesione sociale, per il diritto al lavoro e alla sicurezza sociale, per la sfida della sostenibilità ambientale del pianeta.

Qui non si tratta di dividersi fra liberali e keynesiani sulla necessità di un aumento dell'intervento pubblico, e le politiche di Obama sono un chiaro segnale. La crisi ha già portato a un aumento dell'intervento degli Stati, da soli o in cooperazione fra loro, e questa fase durerà a lungo. Non è la prima volta nella storia, e forse non sarà neanche l'ultima, che il "pendolo" politico oscilla fra Stato e mercato. Questa caratteristica dei cicli politici è, anzi, connaturata ai sistemi capitalistici che operano in contesti istituzionali di democrazia compiuta.

Si tratta però di collocare il nuovo intervento pubblico nella corretta prospettiva del mondo del XXI secolo. Di affrontare, con pragmatismo e fuori dall'ideologia, gli effettivi bisogni sociali ed economici, quelli che stanno sul campo "qui ed ora", non nei libri di storia. Di fare tesoro degli errori compiuti dagli Stati nei cicli precedenti, quando il pendolo non si era ancora stato spostato a vantaggio del liberismo estremo, di approntare strumentazioni e controlli adeguati.

C'è un esempio che viene da Obama che mi permette di far capire il punto. Penso al salvataggio dell'industria automobilistica americana. Un'operazione compiuta all'interno di un piano strategico di riconversione ecologica dell'apparato industriale americano, e quindi non meramente sociale ma ambiziosamente industriale. Un'operazione che ha utilizzato come strumento l'ingresso non solo dello Stato ma anche dei lavoratori come soci delle aziende da salvare. Ma che, al tempo stesso, ha chiarito che la gestione delle aziende salvate non deve cadere nelle mani né del Governo né dei sindacati, ma di soci e partner industriali portatori di conoscenza, tecnologie, indipendenza, responsabilità e abilità gestionali (come la Fiat per Chrysler).

Insomma: non una "pubblicizzazione" stile anni '60, ma qualcosa di totalmente nuovo. Qualcosa che contiene una lezione anche per l'Italia, dove dobbiamo con più convinzione procedere sulla strada della partecipazione dei lavoratori alla proprietà delle imprese. E dove non dobbiamo fare passi indietro rispetto alle garanzie di un corretto equilibrio nei rapporti fra proprietari delle aziende, in particolare se a partecipazione pubblica, e responsabili gestionali. La gestione delle aziende va sottoposta al controllo di un mercato trasparente e non a quello della politica o dei salotti buoni del nostro piccolo e asfittico capitalismo familiare. Solo così, peraltro, potremo far crescere in Italia e attrarre dall'estero investitori istituzionali interessati non al gioco di potere dei risiko aziendali, ma al rendimento di lungo periodo dell'investimento. Anche perché questa sarà una regola (ritrovata) di un "buon" capitalismo nel ciclo dei prossimi anni, dopo la sbornia speculativa del "cattivo" capitalismo dei primi anni del millennio ("Capitalismo buono e capitalismo cattivo" è il titolo dell'ultimo libro di William Baumol[8], recentemente tradotto in italiano, di cui consiglio la lettura).

In questa prospettiva, operazioni strategiche di politica industriale sono da auspicare, e non da temere come se si trattasse di un ritorno al passato. Se la paura è l'intromissione di una politica con la p minuscola, si adottino le regole di Obama. Nel caso, particolare ma di grande importanza, delle imprese partecipate dallo Stato, si introducano meccanismi di controllo e di rendicontazione, oggi quasi del tutto assenti. Ma non si volga altrove lo sguardo di fronte alle enormi necessità del paese di investire in modo efficiente sulle tecnologie energetiche, sulle reti di trasmissione dati, sui prodotti e processi che stanno alla frontiera dell'innovazione tecnologica e della ricerca scientifica e, *last but not least*, sulle reti dei servizi di interesse economico generale (trasporti, acqua, rifiuti). Non ci basta Viareggio per capire che non ci si può più accontentare del piccolo cabotaggio su questo terreno?

---

[8] William J. Baumol, Robert E. Litan, Carl J. Schramm, *Good Capitalism, Bad Capitalism, and the economics of growth and prosperity*, Yale University Press, 2009.

Capitolo terzo

Le tasse non sono tutte uguali

Le tasse non sono tutte uguali[1]

La legislatura cominciata nel 2013 ha portato molte novità in campo tributario. La principale rappresenta un fatto davvero storico: la fine del segreto bancario e la firma degli accordi multilaterali e bilaterali (compresi Svizzera e Panama) che consentono la tracciabilità dei movimenti finanziari. Un nuovo mondo in cui a tutti conviene la trasparenza fiscale. I pochi rimanenti paradisi sono molto rischiosi per le somme lì inviate: rischi finanziari, costi esorbitanti e rischi penali legati al nuovo reato di autoriciclaggio.

In questo nuovo mondo anche l'amministrazione tributaria deve cambiare verso, passare da una cultura punitiva ex post a prassi di collaborazione ex ante che incentivino la fedeltà dei contribuenti e riducano i costi degli adempimenti. Lo abbiamo fatto con la delega fiscale, predisposta in Parlamento durante il governo Letta e attuata dal Governo Renzi quasi interamente (mancano all'appello la riforma del catasto, il riordino delle agevolazioni tributarie e la riorganizzazione delle agenzie fiscali). Da lì nascono dichiarazione precompilata e fatturazione elettronica, tutoraggio delle imprese e riforma degli interpelli, superamento degli studi di settore e introduzione dei nuovi indici sintetici di affidabilità fiscale.

Classificando il bonus Irpef come taglio dell'imposta la pressione fiscale è scesa da 43,6 per cento nel 2012 a 42,3 nel 2016. Un risultato notevolissimo, che ha beneficiato in parte le famiglie e in parte le imprese. A queste sono stati forniti potenti incentivi a investire: aliquota Ires al 24

[1] L'Unità, 10 marzo 2017.

per cento; detrazione per gli apporti di capitale, estesa dal 2017 anche alle piccole e micro imprese; super-ammortamento.

Molto però resta da fare. A livello europeo e internazionale si giocano partite importanti quanto quella del segreto bancario. In prima linea ci sono i nuovi strumenti per contrastare l'elusione fiscale delle grandi multinazionali e l'importante proposta italiana per un'imposta europea armonizzata sui profitti delle banche. L'imposta servirebbe a finanziare i salvataggi delle banche in crisi, evitando così di caricarli sui contribuenti, e un sussidio europeo di disoccupazione. Si tratterebbe del primo passo verso un tributo europeo armonizzato sui redditi delle imprese, che sostituisca quelli nazionali ed elimini dentro l'Ue la concorrenza fiscale fra gli Stati. Sarebbe un decisivo passo avanti per l'integrazione dei paesi euro, nello schema inevitabile di geometria variabile. Grazie alla Brexit l'obiettivo è oggi a portata di mano, visto che è stato proprio il Regno Unito a opporsi da sempre all'armonizzazione fiscale.

Il Pd è il partito della responsabilità fiscale, quello che dice la verità ai cittadini: per ridurre gradualmente e senza macelleria sociale il nostro enorme debito dobbiamo mantenere a lungo nel tempo un adeguato avanzo dei conti pubblici. Non possiamo allontanarci da questa posizione, e non per astratti motivi di rigorismo bensì perché il mercato politico italiano è già strapieno di proposte fiscalmente irresponsabili e se noi cedessimo verso quelle posizioni faremmo un favore ai nostri avversari: l'originale, si sa, è sempre meglio della copia.

Qui c'è un punto importante per la discussione dentro il Pd. La riduzione della pressione fiscale deve continuare, insieme alla razionalizzazione della spesa pubblica, ma non dobbiamo dare l'impressione che le tasse per noi siano tutte uguali e che vadano abbassate indistintamente. Le tasse più importanti da limare in vista di crescita ed equità sono quelle su lavoro e impresa. Visto che sul versante impresa abbiamo già fatto molto, dovremmo adesso concentrarci sul lavoro. Nell'immediato, come stanno studiando Gentiloni e Padoan, con la riduzione dei contributi sociali. Nel medio periodo con un programma pluriennale sull'Irpef.

La riduzione delle tasse sul lavoro ha effetti positivi anche se è ottenuta, parzialmente o totalmente, con una ricomposizione del prelievo, ad esempio intervenendo sull'erosione fiscale, sulle imposte patrimoniali reali, sulle imposte di successione. Ricomporre il prelievo fiscale in modo che sia sempre più *growth friendly* è una delle raccomandazioni che ci viene dall'Europa. Diversamente da altri questo indirizzo non è frutto di stupidità burocratica: se qualcuno lo pensa sta sbagliando. Si tratta di una linea coerente con le migliori pratiche internazionali e con l'ispirazione ideale e valoriale del Pd, un partito che vuole portare l'Italia verso più crescita e minori diseguaglianze.

Riforma delle politiche tributarie: a che punto siamo?[2]

Le distorsioni e le inefficienze del sistema tributario italiano da superare con il processo di riforma in corso sono riconducibili a due grandi capitoli: disegno del sistema tributario e amministrazione delle imposte. In questa nota faccio il punto di "metà legislatura" sulle azioni avviate e su quelle da programmare per i prossimi mesi. La nota è una rielaborazione del documento che ha fatto da base alla sessione dedicata al fisco, svoltasi il 9 marzo 2015, nell'ambito degli incontri fra il gruppo parlamentare del Pd e il Presidente del Consiglio Matteo Renzi.

Per quanto riguarda il disegno del sistema tributario (*tax design*) la situazione è ben nota. La tassazione sul lavoro (prima della legge di stabilità 2015) è la più alta dell'UE, con un saggio implicito di tassazione del 42,8 per cento contro una media Ue del 36,1 per cento. Anche la tassazione sui redditi d'impresa (25,9 per cento) è elevata, la terza in ordine decrescente nell'UE. Di converso, è bassa la tassazione sui consumi, con un saggio implicito del 17,7 per cento contro una media UE del 19,9 per cento. Le imposte patrimoniali, pari al 2,5 per cento del Pil, sono cresciute al di sopra della media UE in seguito alle misure del 2012 (Imu, bollo sui conti bancari e finanziari). È alta l'evasione fiscale, la cui stima ufficiale (elaborata per la prima volta nell'ottobre 2014) è di 91 miliardi, di cui 40 sull'Iva e 44 sulle imposte dirette. Il *gap* fra gettito Iva teorico e gettito effettivo (32 per cento) è il terzo più alto nell'UE. È alta l'erosione fiscale, e cioè la contrazione di gettito legale derivante dai regimi di agevolazione, stimata ufficialmente nella legge di stabilità 2015 in 161 miliardi, uno dei valori più elevati dell'Ocse.

Anche per quanto riguarda l'amministrazione delle imposte (*tax implementation*) i problemi sono conosciuti e strutturali. Il costo amministrativo per ottemperare ai doveri tributari è molto elevato. Secondo stime UE per una Pmi italiana sono necessarie 269 ore di lavoro all'anno contro 179 nella

[2] www.marcocausi.it, 10 marzo 2015.

media UE, quasi il 50 per cento in più. Le frequenti variazioni alla legislazione tributaria minano la stabilità e la prevedibilità dell'ambiente in cui le imprese operano, e questo rende più difficili le decisioni di investimento. La normativa in alcune aree è contraddittoria (ad esempio: elusione fiscale e abuso del diritto) e anche questo rende più incerto l'ambiente per le imprese e per le decisioni di investimento. Nell'amministrazione prevale l'approccio di intervenire ex post, in sede di verifica, e non si sono sviluppati i nuovi metodi proposti dall'Ocse per l'intervento ex ante, attraverso sistemi di tutoraggio e di collaborazione cooperativa (*cooperative compliance*), nonché attraverso l'uso ottimale delle informazioni in possesso della stessa amministrazione. Il sistema della riscossione da ruoli, nonostante la riforma del 2005, mostra gravi carenze, come dimostra il fatto che nell'arco dell'ultimo decennio le somme effettivamente riscosse sono circa il 12 per cento di quelle caricate. Seppure in lieve riduzione, il contenzioso è molto ampio e il numero di procedimenti pendenti presso la giustizia tributaria è di circa 633 mila. In un terzo dei casi il giudice dà ragione al contribuente, ma la percentuale sale al 45 per cento nei giudizi di merito. Ritardi storici si sono accumulati nell'adeguamento e nella modernizzazione di alcuni strumenti fondamentali per l'efficienza e l'equità del sistema tributario, primo fra tutti il catasto. La "macchina" dell'amministrazione (Agenzie fiscali, Sogei, Equitalia) è stata trascurata durante gli anni dell'Italia berlusconiana e necessita urgentemente di una nuova attenzione sul piano dell'organizzazione, delle procedure, della formazione dei dirigenti, delle tecnologie.

Il processo di riforma sta avanzando lungo due direttrici: la prima, relativa al *tax design*, è attuata tramite provvedimenti ordinari, e soprattutto con la legge di stabilità 2015; la seconda, relativa alla *tax implementation*, è attuata tramite la legge di delega fiscale approvata nel marzo del 2014. Tuttavia, fra le due direttrici ci sono incroci e complementarietà.

Tax design per la crescita: meno imposte su lavoro e impresa. Il *Country Report* Italia 2015 della Commissione europea promuove la strategia di riforma contenuta nella legge di stabilità 2015, una strategia basata sul "tridente d'attacco" Irpef-imprese-contributi per i giovani[3].

Il "bonus" 80 euro, anche se contabilizzato come spesa, è in realtà una riduzione Irpef per il lavoro dipendente con retribuzioni basse e medio-

[3] European Commission, "Macroeconomic imbalances. Country Report-Italy 2015", *European Economy*, «Occasional papers», n. 218, june 2015.

basse (quasi 10 miliardi). Per la UE si tratta, sul piano economico, di un *tax credit*. La misura ha già avuto effetti quantificati e rilevati sul reddito disponibile. Per i suoi effetti sui consumi bisogna tenere conto dei ritardi con cui essi variano a fronte di variazioni del reddito disponibile percepite come permanenti: poiché la misura è stata resa permanente nel gennaio 2015 gli effetti cominceranno a farsi vedere nei prossimi mesi. La Commissione sottolinea che la misura è importante anche per un altro aspetto, disconosciuto dal dibattito italiano: «could have also a positive impact on labour demand and competitiveness in the medium-to-long term to the extent that it translates into lower wage claims» (p. 69).

Riduzione delle imposte sulle imprese: 5,6 miliardi sull'Irap con la deduzione del costo del lavoro per i contratti a tempo indeterminato. La Commissione stima che la somma di questa misura con il bonus Irpef abbassa la tassazione implicita sul lavoro di 1,5 punti, riducendo nella misura di un quarto il *gap* italiano al confronto con la media europea. Questo vale in generale, ma naturalmente gli effetti sono più rilevanti per le retribuzioni basse e medio-basse. Banca d'Italia stima che per questi livelli retributivi (usando una mediana di 20 mila euro) le due misure della legge di stabilità 2015 abbassano il cuneo fiscale del 4,6 per cento, quasi azzerando il *gap* italiano con la media UE.

Per le imprese va ricordato che la riduzione Irap si aggiunge alla riduzione Ires determinata dall'Ace, e cioè dal regime di tassazione agevolata per gli utili portati a patrimonio d'impresa introdotto nel 2012, grazie al quale alla fine del 2014 le imprese hanno beneficiato di una riduzione d'imposta per circa 4 miliardi.

Ha rilievo inoltre l'esenzione dal pagamento dei contributi sociali per tre anni per i dipendenti assunti nel 2015 con contratti a tempo indeterminato. In combinazione con l'entrata in vigore delle nuove normative contrattuali per il lavoro dipendente introdotte con il Job's Act è prevedibile che queste misure sostengano la domanda di lavoro. Andrà valutato quanto di questo sostegno si tradurrà in aumento netto della domanda di lavoro e quanto in trasformazione di rapporti di lavoro già esistenti con forme contrattuali atipiche o a tempo determinato.

È essenziale che questa strategia continui in futuro, compatibilmente con i vincoli di finanza pubblica. Nel triennio di riferimento della legge di stabilità essa è finanziata con aumenti di Iva e accise e con riduzioni di spesa. Aumenti delle imposte indirette per finanziare riduzioni del carico fiscale su lavoro e imprese sono coerenti con l'obiettivo di modificare le attuali distorsioni del *tax design* italiano. Riduzioni di spesa sono coerenti con l'obiettivo di evitare il dilemma del "moltiplicatore del bilancio in pareggio" – e cioè il fatto che riduzioni contemporanee di imposte e di spesa pubblica si elidono a vicenda e che anzi l'impatto macroeconomico può essere negativo per il ruolo "moltiplicativo" della spesa pubblica – se tali riduzioni si concentrano sulle spese pubbliche più inefficienti e meno produttive e salvaguardano invece quelle che esercitano i maggiori impatti sulla crescita (istruzione, *welfare*, innovazione, ricerca e sviluppo, progetti infrastrutturali essenziali per la produttività di sistema).

La legge di stabilità 2015 contiene due misure di rilievo per la lotta all'evasione e per la deflazione del contenzioso: la piena utilizzabilità da parte dell'Agenzia delle entrate dei dati relativi ai movimenti sui conti bancari e finanziari (che completa una norma introdotta nel 2012 ma ancora non operativa); un ravvedimento operoso particolarmente conveniente. Queste misure hanno una connessione con altri importanti processi in corso: la fine del segreto bancario, sancita dall'accordo multilaterale di Berlino a partire dal 2017 e anticipata da una serie di accordi bilaterali che l'Italia sta firmando con paesi che vogliono uscire dalla *black list*, a partire dalla Svizzera; la collaborazione volontaria (*voluntary disclosure*) introdotta dalla legge sul rientro dei capitali.

Se questi strumenti potranno intrecciarsi con un recupero di fiducia da parte dei contribuenti e di credibilità da parte dello Stato, mentre si riducono le imposte su lavoro e impresa e, con l'attuazione della delega fiscale, si semplificano e modernizzano le relazioni fra contribuenti e amministrazione tributaria, si può pensare al 2015 come all'anno in cui si chiude con il passato e si costruisce in Italia un nuovo "patto fiscale", basato su due parole d'ordine: da un lato "fisco amico", dall'altro "trasparenza del contribuente".

Problemi rimasti aperti dopo la manovra 2015. Mentre la struttura fondamentale della manovra 2015 è corretta, è stata "promossa" dall'UE e non mancherà di esercitare effetti positivi nel corso dell'anno, difficoltà e criticità sono emerse su due versanti, se si vuole più "laterali" ma non meno importanti, che andranno risolti lungo il 2016.

Il primo è il nuovo regime dei minimi forfetari. "Estratto" dalla delega fiscale e messo in legge di stabilità, rappresenta un tassello importante per semplificare e ricostruire un rapporto positivo con il fisco per una vasta platea di lavoro autonomo (partite Iva). Tuttavia, avendo ricompreso nel nuovo regime generale il precedente regime destinato soltanto ai giovani, il suo disegno si è scontrato con la questione contributiva, la quale assume un rilievo ben diverso se si parla di giovani (che devono assolutamente costruirsi una posizione contributiva) o di meno giovani (che possono anche farne a meno, se già ne hanno una). La questione è stata risolta temporaneamente mantenendo la vigenza del precedente regime, ma aspetta una soluzione definitiva.

Sarebbe importante trovarla contemporaneamente all'introduzione della nuova imposta sul reddito d'impresa (Iri) prevista dalla delega fiscale, che interviene sulla platea del lavoro autonomo più strutturato, quella insomma che viene subito oltre il "popolo delle partite Iva", e cioè le imprese che non hanno la forma di società di capitale. L'Iri abbatte la tassazione per gli utili che restano all'impresa e favorisce così, al pari dell'Ace per le società di capitale, il processo di rafforzamento patrimoniale.

Il secondo è il fisco comunale, soprattutto in relazione alle vicende dell'Imu, dell'Imu agricola e del perdurante assetto provvisorio e altalenante dei rapporti finanziari fra i diversi livelli di governo e della fiscalità locale e regionale. È necessario usare i prossimi mesi per progettare la *Local Tax* e metterla a regime dal 2016. Con il nuovo tributo comunale si dovrebbe cercare di risolvere due questioni non marginali di *tax design*: ridurre il peso dell'imposta patrimoniale per i fabbricati produttivi (nessun paese tassa in modo così pesante, con una patrimoniale, gli immobili produttivi delle imprese) introducendo la deducibilità dell'imposta dal reddito d'impresa; superare l'inefficiente sovrapposizione di decisioni autonome e non coordinate sull'Irpef da parte di Comuni e Regioni.

Nei mesi passati ci si era mossi, sulla falsariga di molte proposte avanzate negli anni passati, con l'idea di assorbire nella *Local Tax* l'addizionale Irpef comunale. A ben pensarci potrebbe essere valutata anche un'altra strada, e cioè di abolire l'addizionale Irpef regionale, sostituendola con un'opportuna rimodulazione delle compartecipazioni regionali all'Iva.

Nuovi temi in agenda. Nell'agenda di lavoro sulle politiche tributarie dovranno trovare spazio alcuni nuovi temi. Ne metto in evidenza tre.

Primo: crediti deteriorati delle banche. A causa della prolungata recessione dell'economia i crediti deteriorati (*non performing loans*) nei bilanci delle banche hanno raggiunto nel terzo trimestre del 2014 il 16,6 per cento, triplicando rispetto al 2008. Le sofferenze bancarie ammontano a 177 miliardi. Si tratta di uno dei problemi più rilevanti e prioritari da affrontare nei prossimi mesi. Con bilanci bancari così compromessi si rischia che i segnali di ripresa in corso siano soffocati dal *credit crunch*: finora il razionamento del credito ha operato su una domanda fiacca da parte delle imprese, depressa dalla crisi, sarebbe drammatico se dovesse operare invece su una domanda che riprende a crescere, soffocando la ripresa. Le soluzioni sono in corso di analisi da parte del governo e di contrattazione con l'UE. Va valutato il possibile contributo dello strumento tributario, visto che la disciplina italiana della deducibilità delle perdite e delle svalutazioni dei crediti bancari è una delle meno favorevoli d'Europa (vanno spalmati in cinque anni). Una modifica in questa direzione, in simultanea con altri interventi, non dovrebbe porre problemi in materia di concorrenza, diversamente da altri eventuali strumenti.

Secondo: riordino dei regimi di agevolazione fiscale, soprattutto in materia di Iva. Le agevolazioni Iva esistenti in Italia sotto forma di aliquote ridotte ed esenzioni valgono il 45 per cento del potenziale gettito dell'imposta contro una media UE del 36 per cento. Se si recuperasse soltanto la metà di questo *gap*, il gettito aumenterebbe di circa 10 miliardi. Sarebbe molto più equo ed efficiente agire in questa direzione piuttosto che far scattare le clausole di salvaguardia: si tratta, sul lato delle entrate, della stessa differenza che, sul lato delle spese, c'è fra tagli selettivi e tagli lineari. Si potrebbero anche trovare risorse aggiuntive per finanziare ulteriori riduzioni del cuneo fiscale. La delega fiscale era stata predisposta per questa operazione, in modo da realizzarla senza passare dall'aula del Parlamento ma soltanto dalle Commissioni parlamentari.

Terzo: riorganizzazione della tassazione ambientale: è un punto sollevato dal *Country Report* 2015, dove si rileva che la tassazione ambientale in Italia, pur superiore alla media europea, è tuttavia sbilanciata sulle accise e ha ancora una componente molto marginale di strumenti legati al consumo di risorse e alla produzione di inquinamento. Anche su questo versante la delega fiscale era fungibile, ma credo che ormai sia troppo tardi per usarla come veicolo.

Tax implementation: la delega fiscale. Il *Country Report* segnala che l'attuazione della delega fiscale "is progressing slowly" (p. 72). In effetti, la delega rischia di non essere attuata nella sua totalità. È un peccato per tre motivi almeno.

Primo, fin dal 2012, da quando ne è cominciato l'iter, l'UE ha considerato la delega fiscale uno dei principali punti di riforma strutturale per far tornare l'Italia a crescere. Secondo, la delega è tarata per un amplissimo arco di interventi (ad esempio, il già citato riordino delle agevolazioni fiscali) che sarebbe molto più difficile e pericoloso attuare con strumenti legislativi che devono passare per il voto delle aule parlamentari, e che invece possono trovare un percorso più protetto nell'esame da parte delle Commissioni finanze ai fini dell'espressione di pareri. Terzo, la delega è il risultato di un equilibrio politico molto importante, poiché è nata dall'iniziativa parlamentare ed è stata approvata dal Parlamento senza alcun voto contrario. E soprattutto perché contiene al suo interno tanti punti di innovazione e di possibile mediazione fra approccio "pro-contribuente" e approccio "pro-Stato": un vero e proprio passo avanti nella cultura politica italiana, abituata invece a dividersi costantemente fra guelfi e ghibellini, nel nostro caso fra iper-garantisti e iper-giustizialisti.

Lo schema di decreto sulla riforma del catasto è pronto da alcune settimane, le schede tecniche di attuazione sono state pubblicate da tempo sul sito dell'Agenzia delle entrate, è stata conclusa un'ampia consultazione che ha trovato l'accordo con tutte le categorie e gli *stakeholders* interessati. Si tratta di una riforma storica, che innova su metodologie e strumenti fissati nel lontano 1939. La decisione di stabilire che il principio di parità di gettito si attua a livello comunale ha ridotto ogni preoccupazione sulla possibilità che da questa riforma derivino aumenti d'imposta, tanto che perfino Confedilizia non protesta (è la prima volta da sempre, in tema di catasto). Certo, da questa decisione discende una riduzione dell'impatto della riforma in termini di equità e di efficienza orizzontale (fra le diverse parti del paese). Tuttavia per attuare la riforma ci vorranno cinque anni, e quindi nessun impatto è prevedibile nell'arco di questa legislatura e ci sarà tutto il tempo in futuro, anche sulla base di dati reali e non immaginari, per tarare l'atterraggio dei nuovi valori catastali.

La delega, scritta sui principi Ocse, confrontata con la legislazione storicamente vigente in Italia ha un orientamento "pro-business" e "pro-certezza del diritto". E questo è un bene, perché può permettere di migliorare l'ambiente economico, ridurre l'incertezza sulle decisioni di investimento, ridurre le aree di discrezionalità dell'amministrazione fiscale e spingere questa amministrazione ad una forte innovazione di metodi, procedure, organizzazione. In fase di attuazione è necessario curare in modo molto attento che l'equilibrio venga mantenuto, ed evitare che il pendolo venga spostato in modo non ragionevole da un lato o dall'altro.

La ricaduta "pro-business" e "pro-certezza del diritto" emerge in molte parti della delega. Ad esempio, nella nuova formulazione generale dell'abuso del diritto, con una chiara distinzione fra quello che l'amministrazione deve dimostrare e quello che il contribuente può opporre, e con la depenalizzazione delle condotte di elusione fiscale.

Per quanto riguarda il penale tributario, la delega prevede la depenalizzazione dei reati tributari minori e la ridefinizione, in chiave pro-contribuente, della dichiarazione infedele e di quella fraudolenta con altri artifizi. Dall'altra parte, prevede una definizione più rigorosa della frode fiscale con falsi documenti, in modo da ricomprendervi fattispecie che oggi vengono perseguite tramite lo strumento dell'abuso del diritto. A leggere con attenzione il testo della delega, a mio parere c'è anche spazio per una depenalizzazione delle frodi fiscali di piccola entità, purché vengano mantenute la pena massima e il principio di proporzionalità (e cioè soglie di non punibilità inferiori a quelle dei reati meno gravi e, naturalmente, una soglia massima in valore assoluto).

E poi: il nuovo istituto della "*cooperative compliance*", l'ampliamento delle azioni di tutoraggio e la riforma dell'interpello. E l'allineamento della normativa alle esigenze delle imprese internazionalizzate, che può favorire sia l'espansione all'estero delle imprese italiane sia l'attrattività dell'Italia per imprese straniere (doppia imposizione, *ruling*, ecc.). In questo campo, bisogna evitare approcci che favoriscano la delocalizzazione e bisogna restare saldamente ancorati agli standard internazionali, in particolare per ciò che riguarda le procedure di *ruling*. L'Italia ha promosso durante il semestre di presidenza UE un'importante iniziativa per combattere le aree di elusione delle imprese multinazionali, sarebbe incoerente far muovere la legislazione interna verso un'altra direzione.

Il testo sulla "*cooperative compliance*" è pronto da mesi, e potrebbe essere inoltrato al Parlamento. Anche sulla fiscalità internazionale, a mia conoscenza, esiste un testo pronto da tempo che ha ricevuto l'assenso da parte degli *stakeholders* istituzionali competenti in materia (Assonime, Confindustria, Abi). Potrebbe essere mandato in Parlamento insieme alla riforma del catasto.

Sul versante semplificazioni la delega ha generato un importante decreto, contenente la dichiarazione precompilata e tanti altri miglioramenti (come quello della riforma dell'istituto della responsabilità solidale fra committente e fornitore). La frontiera ulteriore è la fatturazione elettronica – con l'abolizione di molti adempimenti a fini Iva – e lo scontrino elettronico. La delega prevede l'obiettivo di incentivare l'uso dei mezzi di pagamento elettronici, che costano meno e consentono maggiore tracciabilità. In questo campo è in arrivo un regolamento comunitario che abbasserà – e definirà a livello europeo – le commissioni per l'accesso ai sistemi di pagamento elettronici. È il caso di aspettare il regolamento per ragionare sulle ulteriori misure che potrebbero essere messe in campo.

La delega consente di intervenire sulle strutture portanti del procedimento tributario, con obiettivi di innovazione, modernizzazione, riduzione dei costi, deflazione del contenzioso: riforma dell'accertamento, riforma del contenzioso, riforma del processo tributario (in parallelo, e in convergenza, con la riforma del processo civile). Si tratta, qui, degli interventi più "pesanti" e complicati sul piano normativo. È necessario organizzare in modo serrato e produttivo il lavoro, poiché in caso contrario temo che la scadenza di giugno rischi di non poter essere rispettata.

Per l'attuazione della delega, accanto al circuito di produzione normativa di tipo tecnico-istituzionale (Ministero dell'economia, Dipartimento finanze, Agenzie fiscali) la Presidenza del Consiglio ha attivato un ulteriore circuito produttivo. Di per sé questo non è certo un problema, ma anzi un'opportunità. A condizione però che i due circuiti siano coordinati con fermezza, che si evitino duplicazioni, che i compiti siano assegnati con chiarezza, che esistano sedi in cui, dopo il confronto di merito, si arrivi alla decisione. Non è impossibile: è già stato fatto nella produzione delle norme sul rientro dei capitali, con la sola differenza che la sede di discussione e di lavoro, in quel caso, era il Parlamento.

Due temi di attuazione della delega rivestono specifica sensibilità politica.

Primo, la riforma della riscossione. Le iniziative demagogiche per "abolire Equitalia" si contrastano in modo efficace varando la riforma della riscossione e della stessa Equitalia, che deve diventare una vera società "in house" dell'Agenzia delle entrate e dell'Inps, con tutti gli strumenti del "controllo analogo" e del monitoraggio sulla gestione, e deve definitivamente recidere il cordone ombelicale della sua provenienza dal settore bancario per diventare a tutti gli effetti un'Agenzia pubblica. Occorre stabilizzare il settore della riscossione locale, in partenariato con Anci; introdurre procedure di riscossione più "leggere" e meno costose per gli importi di piccola entità; e infine cambiare nome a Equitalia.

Secondo, la riforma dei giochi pubblici. Questo decreto legislativo sarà il primo vero e proprio Testo Unico in materia di giochi pubblici mai redatto e supererà un quindicennio di legislazione estemporanea, casuale, non coordinata, il cui effetto è stato di far crescere il settore in modo disordinato e scomposto, tanto da generare un legittimo allarme sociale nelle nostre comunità. Con il decreto si apre una fase nuova, volta alla concentrazione e razionalizzazione dell'offerta di gioco pubblico, garantendo gli obiettivi in termini di salute pubblica e di ordine pubblico, senza cedere però alla campagna proibizionistica, per evitare di spostare il fatturato del settore a vantaggio dell'offerta fuori concessione statale, sia quella legale sia quella illegale.

Oltre la delega fiscale. C'è lavoro da fare anche al di fuori della delega. Almeno in due aree principali.

Primo, investimento organizzativo sulle Agenzie fiscali, e valutazione della riforma del 2012 che le ha ridotte da quattro a due. L'attuazione della delega implica una rivoluzione all'interno delle Agenzie, e soprattutto dell'Agenzia delle entrate (responsabile anche della riforma del catasto). "Fisco amico" significa più prevenzione e meno repressione, più consulenza e meno controllo formalistico. Nell'ambito della riforma della pubblica amministrazione è necessario tenere conto delle specificità tecnico-professionali delle Agenzie, in particolare per i processi di reclutamento e di formazione del personale dirigente. La stessa attenzione va prestata a Sogei, la quale è un perno vitale della riforma: se Sogei non dovesse riuscire a mettersi all'altezza della sfida, tanti obiettivi di innovazione potrebbero cadere (dalla precompilata alla fatturazione elettronica, dalla lotta all'evasione attraverso la tracciabilità alla gestione di tutte le nuove procedure in cui è l'amministrazione a dover trovare ed elaborare le informazioni, liberando i contribuenti da inutili adempimenti).

Secondo, presidiare ed esercitare il massimo di presenza e proattività nelle diverse sedi internazionali in cui si definiscono importanti regolamentazioni tributarie per il futuro. In ambito Ocse-G20, dopo l'adozione dei *Common Reporting Standards* che hanno aperto la strada alla fine del segreto bancario, il dossier da seguire è Beps (*Base Erosion Profit Shifting*), da cui deriveranno le nuove regole per la tassazione delle imprese multinazionali, in particolare nel settore dell'economia digitale, con l'obiettivo di contrastare i fenomeni di elusione. In ambito UE, va sostenuto al più alto livello politico il dossier relativo all'armonizzazione delle basi imponibili per le società, che la presidenza italiana del secondo semestre 2014 è riuscita a rimettere in moto.

Marx e le proposte fiscali di Piketty[4]

Durante il seminario dei gruppi parlamentari del Pd insieme al Presidente del Consiglio – Segretario nazionale, svoltosi il 9 marzo 2015 e dedicato al fisco, alcuni hanno rilanciato le proposte fiscali di Piketty. Io le ho criticate con poche veloci battute. In molti mi hanno chiesto di chiarire le motivazioni del mio atteggiamento critico. Mi è capitato di pensare, nei giorni successivi, che poteva essere utile, innanzitutto a me stesso ma poi forse anche alla discussione interna al Pd in corso in questa fase, fissare con maggiore precisione l'origine delle mie critiche alle proposte fiscali di Piketty. Sono nate così queste paginette.

Aumento delle diseguaglianze: le ricerche di Piketty. Il merito di Thomas Piketty è di avere accumulato e descritto un'impressionante massa di dati, riguardanti decine di paesi nel mondo, dimostrando in modo difficilmente confutabile che, soprattutto a partire dagli anni '80, le diseguaglianze all'interno dei paesi sono cresciute dappertutto, sia nella distribuzione dei redditi sia in quella della ricchezza. Un altro merito, non secondario, è di avere diffuso i frutti delle sue ricerche con un metodo e un linguaggio di tipo storico-sociale, piuttosto che astratto-matematico – com'è d'uso per la stragrande maggioranza degli economisti *mainstream*. I suoi studi sono così arrivati a un pubblico molto vasto, hanno esercitato influenza politica e hanno contribuito a riportare l'argomento "distribuzione dei redditi e delle ricchezze" al centro dell'attenzione[5].

Le cause secondo Piketty. L'analisi di Piketty è empirica. Si tratta di "fatti alla ricerca di una teoria". I dati utilizzati sono quelli delle dichiarazioni fiscali: stiamo cioè parlando della distribuzione personale dei redditi, non di quella "funzionale" (salari, profitti, rendite).

In termini teorici, per trovare la causa dell'aumento delle diseguaglianze, Piketty si limita alla seguente valutazione, anch'essa confermata dai dati empirici: nelle fasi storiche in cui si osserva l'aumento delle diseguaglianze si osserva anche un tasso di rendimento del capitale (d'ora in poi lo chiamiamo r) superiore al tasso di crescita dell'economia (d'ora in poi lo chiamiamo g).

[4] www.marcocausi.it, 18 marzo 2015.

[5] Thomas Piketty, *Il capitale nel XXI secolo*, Milano, Bompiani, 2014.

Su questo Piketty ha ragione: se r è maggiore di g, i detentori del capitale (immobili, attività finanziarie, imprese, azioni, ecc.) ottengono aumenti dei loro guadagni (rendite, interessi, profitti, dividendi, ecc.) sistematicamente superiori agli aumenti medi dell'economia, e quindi le loro quote di reddito o di patrimonio sui totali nazionali sono destinate a crescere costantemente, e con esse le diseguaglianze.

Si vede bene allora che l'aumento delle diseguaglianze "personali" ha qualche connessione con la distribuzione "funzionale", e cioè con l'evoluzione dei tassi di remunerazione/rendimento che le persone ottengono per i fattori che impiegano nel processo produttivo (lavoro, capitale, ecc.). Ma questo punto resta fuori dall'analisi di Piketty, che non procede alla domanda: perché r può crescere più di g per così lunghi periodi di tempo, e in particolare perché lo ha fatto negli ultimi 35 anni? È in questo senso che si può affermare che gli studi di Piketty – pur rilevantissimi sul piano della conoscenza empirica di un importante, anzi fondamentale, fenomeno del nostro tempo – mancano di una rigorosa base analitica.

Poiché Piketty fa derivare dalla sua ricerca alcune proposte di politica economica, la valutazione di queste proposte deve tenere conto di questa "debolezza teorica": se l'aumento delle diseguaglianze è causato da un r troppo elevato, potremmo cercare possibili rimedi lavorando su r, e cioè sulla distribuzione funzionale dei redditi.

Le proposte di politica economica di Piketty. Invece Piketty concentra le sue proposte sulla distribuzione personale dei redditi e delle ricchezze e sulle modifiche che in essa possono essere indotte dall'azione dello Stato, collegandosi allo storico filone del "compromesso socialdemocratico" dello Stato sociale anni '60-'70: l'aumento della progressività dell'imposta personale sui redditi (con aliquota massima che dovrebbe arrivare all'80 per cento per i redditi superiori a 500 mila dollari o a un milione di dollari); l'imposta patrimoniale personale progressiva, da applicare a livello mondiale raggiungendo al contempo un altissimo grado di trasparenza finanziaria internazionale. Le risorse così ottenute dagli Stati e dalla comunità internazionale potrebbero dar luogo a politiche di redistribuzione (tramite trasferimenti monetari – pensioni e sussidi, aiuti allo sviluppo dei paesi più svantaggiati – e tramite fornitura di beni e servizi pubblici – istruzione, sanità, assistenza ecc.).

Piketty non è un ingenuo. Sa bene che la sua è una provocazione, un sasso lanciato in una discussione pubblica che le teorie economiche prevalenti rendono povera, se non stagnante. Sull'aumento dell'aliquota massima dell'imposta personale dei redditi scrive infatti che "applicare una politica del genere in un piccolo paese europeo, non armonizzato o poco armonizzato con i paesi vicini sul piano fiscale, sarebbe ben più difficile che in un paese con le dimensioni degli Stati Uniti" (p. 809). E dell'imposta mondiale sul capitale dice con chiarezza che è un'"utopia" (p. 814). La battaglia contro i paradisi fiscali e per la trasparenza dei movimenti finanziari è appena cominciata, e siamo ben lontani da una situazione in cui i patrimoni personali siano catalogabili e conoscibili a livello mondiale. Rivendica però che si tratta di "un'utopia utile", per costringere i responsabili politici a ragionare intorno alla necessità di costruire nuove istituzioni di regolazione mondiale della globalizzazione.

Rendimento del capitale troppo alto: imperfezioni dei mercati. Per spiegare perché r può crescere più di g ci sono due possibili strade.

La prima segue questo ragionamento: in un mondo perfettamente concorrenziale r deve essere uguale a g, se non lo è vuol dire che il mondo non è perfettamente concorrenziale. Per "regolare" r occorre superare queste imperfezioni (monopoli, restrizioni del commercio internazionale o dei movimenti di capitale, distribuzione non uniforme delle possibilità di accesso alla conoscenza, ecc.).

Ad esempio, se la Cina eliminasse le barriere alla circolazione dei capitali, lo yuan si rivaluterebbe, questo farebbe ridurre r in Cina e, per conseguenza, anche quello mondiale. Un altro esempio: sul mercato del lavoro molti ritengono che l'aumento dei differenziali salariali sia legato all'elevato rendimento delle conoscenze sulle nuove tecnologie, il cui accesso non è uniforme per tutti. La crescita delle opportunità di istruzione dovrebbe rendere meno diseguale il "capitale umano", e questo farebbe ridurre r, almeno quella parte di r che deriva dall'utilizzo di una risorsa scarsa (la conoscenza).

Altri esempi si potrebbero fare: le invenzioni, i brevetti, le innovazioni creano situazioni monopolistiche per i proprietari che per primi le hanno realizzate e introdotte, e quindi generano rendimenti "anormali". Normative che limitino queste privative, rendendo di pubblico dominio le conoscenze tecnologiche, farebbero ridurre r.

Rendimento del capitale troppo alto: r è diventata una variabile indipendente? La seconda strada è quella proposta dalle teorie che hanno origine dai classici dell'economia (Smith, Ricardo, Marx), in cui le variabili distributive (tasso di remunerazione del capitale, saggio del salario, rendite) dipendono non solo dal contesto economico (tecnologie, risorse, funzionamento dei mercati) ma anche da quello storico-sociale e istituzionale. Ad esempio, dalla libertà di espressione politica e sindacale, dalle modalità di contrattazione dei salari, dalle leggi statali (importanti per le condizioni di lavoro nei paesi in fase di sviluppo, importanti per le rendite nei paesi a sviluppo maturo), così come dalle regole di livello internazionale.

In queste teorie[6] non è un'eresia affermare che r potrebbe essere diventato una "variabile indipendente". Che il capitalismo super-finanziarizzato potrebbe avere reciso il rapporto fra r e le condizioni di produzione delle imprese, e quindi fra obiettivi di accumulazione finanziaria e obiettivi di profitto imprenditoriale. E che per riportare r "sotto controllo" occorrono nuove regole e istituzioni internazionali – non solo in campo fiscale, come proposto da Piketty, ma anche in campo valutario e finanziario, come la nuova Bretton Woods proposta dal Governatore della Banca centrale della Cina – e un processo equilibrato di crescita democratica in molte aree del mondo che hanno conquistato lo sviluppo ma non ancora la libertà.

Ad esempio, se in Cina il sistema istituzionale dovesse evolvere in senso democratico, è facile prevedere un aumento dei salari, e quindi una riduzione di r in quel paese e, per conseguenza, a livello mondiale. Anche in Germania ci sono spazi per aumenti salariali – i "mini jobs" in quel paese sono meno remunerati e più precari degli analoghi italiani – i quali darebbero un importante contributo non solo alla riduzione di r, ma anche all'assorbimento degli squilibri macroeconomici dell'area Euro.

La crisi italiana può essere interpretata dentro questo approccio: l'investimento di capitale in Italia avrebbe difficoltà a raggiungere i livelli di redditività necessari, sia perché r "mondiale" di riferimento è troppo alto, ma anche perché sono troppo elevate le rendite (uno Stato troppo costoso, troppo costosi i servizi gestiti in condizioni di monopolio, ecc.) e troppo elevato è il costo del lavoro per unità di prodotto, mentre la produttività stagna perché l'apparato produttivo ha tardato ad adeguarsi alle nuove tecnologie, in particolare la parte del sistema non esposta alla concorrenza internazionale.

Qualche conclusione politica. Piketty viene talvolta definito come il "Marx del XXI secolo". In effetti, se è vero che considera r come una

[6] Paolo Leon, *I poteri ignoranti*, Roma, Castelvecchi, 2016.

variabile indipendente, il suo approccio ha qualche legame con Marx. Però, dato che non procede su quella strada ma piuttosto su quella della redistribuzione operata dallo Stato sociale, forse sarebbe più congeniale definirlo il "Beveridge del XXI secolo", ricordando il grande liberale inglese che pose le fondamenta dello Stato sociale.

Per "regolare" un capitalismo a cui la globalizzazione ha concesso ampi spazi negli ultimi 35 anni Piketty propone il ricorso allo strumento fiscale. Secondo altri approcci sarebbero da considerare almeno allo stesso livello una nuova Bretton Woods (improbabile, come la patrimoniale di Piketty) e aumenti salariali nei paesi che se lo possono permettere, come Cina e Germania (più probabile, per effetto di dinamiche sociali e istituzionali anche di tipo endogeno).

La discussione suscitata dalle ricerche di Piketty è comunque di grandissima utilità per la sinistra democratica, a condizione di saperne declinare con accortezza le conseguenze in termini di azione politica:

1. la patrimoniale personale mondiale (o anche europea) è un'utopia. Troppe le possibilità di elusione, al confronto con le esistenti patrimoniali di tipo reale (un palazzo nel centro storico di Roma o di Firenze l'Imu la paga, ma se l'imposta dovesse diventare personale sarebbe più facile eluderla intestando la proprietà a società residenti in paesi fiscalmente più leggeri). Questo però non deve esimerci dalla necessità di costruire una banca dati dei patrimoni personali, così come previsto dalle leggi italiane in vigore, né dalla battaglia per l'aumento delle basi fiscali comuni nel bilancio dell'UE, con l'obiettivo di rendere questo bilancio più autenticamente "federale" (incrementando ad esempio il suo intervento sui sussidi alla disoccupazione, a partire dal primo esperimento su *Youth Garantee*);
2. deve continuare l'impegno italiano nelle sedi europee e internazionali per ridurre la concorrenza fiscale fra Stati e per affermare nuove regole di trasparenza. In Europa il terreno immediato è, piuttosto che quello proposto da Piketty, quello della convergenza delle imposte sui redditi delle società (Direttiva sulla base imponibile comune per il reddito delle società). In sede Ocse-G20, dopo il passo avanti compiuto sullo scambio di informazioni finanziarie e la fine del segreto bancario, il nuovo terreno di lavoro sono i sistemi di tassazione delle multinazionali, per ridurre le possibilità di elusione e di "spostamento" dei profitti con cui questi operatori beffano le legislazioni nazionali;
3. sul piano europeo, così come la Germania insiste sui debiti eccessivi, noi dobbiamo insistere sugli squilibri macroeconomici eccessivi di

cui la Germania è portatrice: in quel paese devono aumentare redditi e domanda interna, e legislazioni sui salari minimi possono dare un contributo;

4. sul piano interno, la "patrimoniale personale" proposta dalla Cgil e da alcuni settori del Pd è soggetta alle stesse critiche sopra riportate. Fra Imu e imposta di bollo su conti correnti e conti titoli, dopo il 2012 le imposte patrimoniali sono diventate in Italia, a differenza del passato, superiori alla media UE, e vanno perciò trattate con estrema cautela (in alcuni casi andrebbero ridotte o eliminate, come l'Imu sui fabbricati produttivi);
5. sull'ultima aliquota Irpef e sull'ultimo scaglione, invece, a mio parere si potrebbe ragionare. Ci sono varie proposte di legge in materia, compresa una a firma di chi scrive questa nota, che introduce un'aliquota del 48 per cento per un nuovo scaglione sopra 120 mila euro, per finanziare il reddito minimo di inserimento. Non bisogna però arrivare agli eccessi di Piketty e bisogna pensare l'operazione dentro un quadro che sfrondi le addizionali locali.

La Tobin Tax 35 anni dopo[7]

Ringrazio il presidente Boccia, la commissione Bilancio della Camera e l'intergruppo parlamentare per la finanza sostenibile perché credo che abbiano preso un'iniziativa molto utile e molto importante. Una discussione in campo aperto tra tecnici, politici, operatori finanziari, economisti sul tema della *Financial Transaction Tax* (Ftt). Si tratta di un tema che torna in modo ricorrente ed è bene, allora, esaminarlo a fondo e costruire una conoscenza condivisa di base, in modo da tenere alta la qualità e la serietà della nostra discussione pubblica.

Permettetemi di cominciare con un ricordo personale. Voi sicuramente ricorderete che la proposta di Tobin intervenne nella seconda metà degli anni '70, finito *Bretton Woods*, durante la discussione sull'eccessiva volatilità dei cambi. La proposta di Tobin si riferiva a un mondo in cui i cambi erano molto volatili ed era perciò collegata alle transazioni valutarie. Quando Tobin vinse il premio Nobel, nel 1981, io ero studente al Dipartimento di Economia della Facoltà di Scienze Statistiche della Sapienza, e un setti-

[7] Intervento introduttivo al Seminario "Più equità e risorse per la crescita. Confronto sulla Tobin Tax", Sala della Regina, Camera dei Deputati, 3 marzo 2014, organizzato dalla Commissione Bilancio della Camera e dall'Intergruppo parlamentare per la finanza sostenibile.

manale economico mi commissionò un pezzo sulla proposta da Tobin. Un amico giornalista mi suggerì di cercarlo e di proporgli un'intervista. Non ci avrei mai creduto prima, ma lo cercai per telefono, lui mi rispose, gli mandai un fax e lui me lo rispedì con le sue risposte. Alla fine delle risposte mise una frase che mi ricordo sempre: *They were very good questions*. Capirete bene la mia soddisfazione, ero uno studente che stava interloquendo con un Premio Nobel! Ma comunque si parlava di cambi e di valute, in un mondo con molta meno globalizzazione del movimento di capitali di quanto non sia oggi.

Credo che si possa velocemente riassumere, sulla base dell'esistente letteratura, una sorta di conoscenza condivisa di partenza sulla Ftt in cinque punti:

1. la Ftt aumenta i costi di transazione, e poiché l'aumento dei costi di transazione è correlato positivamente all'aumento della volatilità, diversamente da quanto Tobin pensava questo tipo di imposta non riduce la volatilità;
2. oggi questi strumenti di tassazione sono più facilmente attuabili che in passato, per la natura delle transazioni e per la loro tracciabilità, grazie alle nuove tecnologie. Oggi è molto più facile di un tempo, anche unilateralmente per singoli paesi, adottare una Ftt. Al tempo stesso sappiamo da esperienze di attuazione unilaterale, in particolare da quella francese avvenuta sei mesi prima di quella italiana, che la Ftt esercita un impatto di contrazione degli scambi. In Francia i primi studi di valutazione indicano una riduzione del 20% degli scambi sui titoli francesi assoggettati all'imposta;
3. si tratta di imposte – meglio usare il plurale, perché ci sono tante versioni della Ftt – con gettito potenziale molto elevato. Ciò emerge anche dai calcoli che fa l'Unione Europea intorno alla proposta in corso di elaboarazione da parte della Commissione. Il gettito è elevato soprattutto se la Ftt viene estesa ai derivati e alle transazioni *over the counter*;
4. sappiamo, sulla base delle diverse evidenze, chi alla fine paga questa tassa: nel breve periodo la pagano i distributori, ma nel lungo periodo la pagano certamente gli emittenti. Quindi, piuttosto che essere uno strumento per "far pagare alle banche il costo di una finanza mal regolata", diventa un costo aggiuntivo a carico di chi emette titoli di debito per finanziarsi, e cioè soprattutto le imprese e gli Stati sovrani;
5. infine sappiamo anche che ci sono alternative alla tassazione delle transazioni. Se il punto è modernizzare e far fare passi avanti agli strumenti

di tassazione del settore finanziario – anche in una prospettiva di migliore regolazione globale – le alternative alla Ftt si chiamano imposte sui profitti, imposte sugli extra profitti o imposte di tipo patrimoniale – come ad esempio quella che abbiamo adottato in Italia con il Salva Italia, attraverso l'aumento del bollo.

Per concludere, provo a riassumere le domande che noi ci aspettiamo vengano chiarite dal *panel* di esperti tecnici che prenderà la parola nella prima tavola rotonda, e che ringrazio per la partecipazione. Mi sembra che ci siano quattro domande: 1) quale prima valutazione possiamo dare dell'esperienza italiana di Ftt a poco più di un anno dalla sua introduzione; 2) capire bene a che punto è la discussione europea e come si sta sviluppando; 3) se questa imposta, che abbiamo unilateralmente introdotto in Italia nel dicembre 2012, sia consigliabile modificarla ulteriormente, sempre in modo unilaterale, ovvero se sia meglio aspettare le decisioni di livello europeo; 4) quale mix fra Ftt e altre forme di imposizione del settore finanziario si possono pensare per raggiungere un obiettivo di *policy* desiderato in tutto il mondo, e cioè quello di chiedere al settore finanziario un contributo aggiuntivo di risorse per l'equità e la crescita, ma al tempo stesso evitare che questo contributo possa generare effetti negativi in termini di efficienza o di costo di finanziamento per l'economia reale.

Capitolo quarto

Tax design, tax implementation

Indici sintetici di affidabilità fiscale e superamento degli studi di settore[1]

Il decreto 50/2017, la cosiddetta "manovrina", ha completato la riforma degli studi di settore avviata con le norme contenute nella legge di stabilità per il 2017. Al posto degli studi di settore si introducono i nuovi indici sintetici di affidabilità fiscale. Si tratta di una riforma importante, che modifica e migliora i rapporti fra quattro milioni di piccole e piccolissime imprese e l'amministrazione fiscale, promuovendo i principi della trasparenza, del dialogo e della collaborazione.

Mentre il sistema degli studi di settore, introdotto alla fine degli anni Novanta del passato secolo, era basato sulla stima presuntiva di un "adeguato" livello dei ricavi e sulla conseguente possibilità per l'amministrazione fiscale di far scattare accertamenti presuntivi, il nuovo sistema prende in considerazione una quantità molto più estesa di elementi, con riferimento non solo ai ricavi ma anche a indicatori di affidabilità e di anomalia rilevati nei diversi settori di attività.

I nuovi indici rappresentano la sintesi di indicatori elementari tesi a verificare la normalità e la coerenza della gestione aziendale o professionale, anche con riferimento a diverse basi imponibili, ed esprimono – su una scala da 1 a 10 – il grado di affidabilità fiscale riconosciuto a ciascun contribuente, anche ai fini dell'accesso al regime premiale. Alle imprese "affidabili" vengono riconosciuti importanti benefici: termini più brevi per le attività di accertamento, esclusione dall'applicazione di una serie di controlli, rimborsi Iva più veloci.

---

[1] www.marcocausi.it, 11 giugno 2017.

Il nuovo sistema insomma supera un approccio meramente repressivo e promuove una logica basata sull'incentivazione di comportamenti cooperativi fra contribuenti e amministrazione fiscale.

80 euro: una misura a vantaggio dei redditi da lavoro bassi e medio-bassi[2]

Tutto si consuma velocemente, per il modo in cui funziona in Italia il circuito fra informazione, comunicazione e decisione politica. Il decreto Irpef esercita già i suoi effetti a partire dal mese di maggio, e la discussione intorno ad esso si è intrecciata con una dura campagna elettorale, condotta – non certo da parte nostra – con toni troppo accesi e urlati. Sembra quindi che approviamo in via definitiva oggi un decreto ormai "consumato" dal punto di vista della comunicazione pubblica.

Niente di più sbagliato in questa impressione. Questo decreto sull'Irpef rappresenta un cambio di passo della politica economica italiana. E di questo cambio di passo rappresenta solo l'inizio. D'ora in poi l'obiettivo principale diventa: ridurre le tasse su lavoro e impresa.

Ridurre le tasse su lavoro e impresa, dobbiamo ripeterlo in modo ossessivo, anche per riportare un centro di gravità ad una discussione sulle politiche fiscali e tributarie che troppo spesso ondeggia intorno a populistici messaggi contrari ad ogni tassa, a proposte di abbattere qualsiasi tipo di imposta. L'assenza di questo centro di gravità ha portato la discussione politica durante il 2013 a spendere troppe risorse, troppe energie, sulla questione della tassazione dell'abitazione di residenza, producendo risultati che credo tutti riteniamo insoddisfacenti e certamente da rivedere.

E invece le imposte non sono uguali fra loro, se le guardiamo dal punto di vista della crescita e dell'equità. Ridurre l'Irpef – e soprattutto ridurla, come fa questo decreto, sui redditi da lavoro dipendente bassi e medio-bassi – e ridurre le imposte sulle imprese ha effetti su competitività e crescita, è una chiave di volta, una delle più importanti, per riportare il paese su un sentiero di sviluppo più elevato e più stabile. Sei miliardi in meno di Irpef per i lavoratori dipendenti e assimilati con redditi fino a 26 mila euro, due miliardi in meno di Irap per le imprese, il tutto con attuazione immediata, a partire da maggio. E questo si somma ai 3,2 miliardi di riduzioni fiscali già

[2] Dichiarazione di voto sul decreto 66/2014. Montecitorio, 18 giugno 2014.

disposti dalla passata legge di stabilità, 1,7 per le detrazioni Irpef e 1,5 per riduzioni Irap. E al meccanismo dell'Ace, che detassa gli apporti di capitale nelle imprese, che ha generato una spinta fiscale di 2 miliardi per il mondo delle imprese italiane nel solo 2013.

Contemporaneamente, il Governo ha ridefinito il percorso di aggiustamento dei conti pubblici verso l'equilibrio di bilancio, ha posposto di un anno il raggiungimento del pareggio (strutturale, cioè al netto del ciclo), ha così ricavato uno spazio di manovra di finanza pubblica di mezzo punto di PIL per il 2014. E ha aperto con l'Europa un'importante discussione su come modificare nella direzione della crescita l'impianto delle politiche europee.

L'atteggiamento di parte delle opposizioni a questo decreto, pur legittimo sul piano politico, è debole e incoerente. Più coerente e motivata è la posizione di Sel, di cui poco fa abbiamo ascoltato la dichiarazione di voto favorevole.

Ma che dire invece di Forza Italia? Abbiamo sentito per mesi l'on. Brunetta tuonare contro quello che lui definiva lo "scarso coraggio" di Enrico Letta e Fabrizio Saccomanni nelle politiche per la crescita e nei rapporti con l'Unione Europea.

Adesso che il Governo Renzi ha impresso un'accelerazione alle politiche fiscali per la crescita, è davvero stupefacente ascoltare Forza Italia che invoca il rigore del bilancio e la verifica delle coperture. È, quella di Forza Italia, una posizione priva di alcuna credibilità.

Le coperture ci sono, non si preoccupino i colleghi di Forza Italia. Vengono per metà da incrementi di tassazione delle rendite finanziarie e per metà da stringenti ma ineludibili obiettivi di risparmi sulla spesa dei Ministeri e di tutti gli altri enti pubblici.

Cosa dire poi della posizione del M5S e di quella della Lega, uniti dal sentimento anti-europeo? Dopo avere criticato la maggioranza europeista di questo Parlamento per avere portato l'Italia dentro le regole europee, non prendono atto che queste regole hanno margini di flessibilità che dipendono dalla capacità dell'Italia di fare le riforme e di tornare ad essere un interlocutore credibile e con peso politico nello scacchiere europeo. Dopo avere criticato in modo violentissimo la rivalutazione delle quote della Banca d'Italia, non prendono atto che in questo decreto l'imposta sulle plusvalenze derivanti da quella rivalutazione viene aumentata dal 12 al 26 per cento. Diventano anche loro, i cinque stelle e i leghisti, ragionieri delle coperture finanziarie. Affermano addirittura che gli effetti di gettito legati alla rivalutazione delle quote Bankitalia potrebbero essere incerti, con ciò implicitamente dicendo che in fondo quel "regalo alle banche" da loro tanto denunciato potrebbe non essere così grande. E poi si lamentano che questo provvedimento abbia come beneficiari "soltanto" dieci milioni di persone, e non tutti i contribuenti.

Ebbene, l'impegno ad ampliare la platea dei beneficiari è il nostro impegno. Non si preoccupino i colleghi dei Cinque Stelle e della Lega Nord: riusciremo a rendere permanenti questi sgravi fiscali sul lavoro nella legge di bilancio per il 2015 e ad ampliare il numero dei beneficiari, a vantaggio degli incapienti, del lavoro autonomo, dei pensionati.

Lo faremo continuando a tenere sotto controllo la spesa pubblica. Dando una svolta all'azione di contrasto all'evasione fiscale, a partire dalla madre delle imposte evase in Italia, l'Iva. E lo faremo costruendo le condizioni per incassare un dividendo derivante dalla stabilità e dalla credibilità del paese, un dividendo che si traduce in minori spese per interessi e in cambiamenti delle regole europee verso la crescita e verso gli investimenti pubblici.

Certo, nel decreto non mancano elementi di dettaglio che potranno essere migliorati da successivi interventi, e ringraziamo il Governo e il Viceministro Morando che ha accolto molti impegnativi ordini del giorno in questa direzione, soprattutto in tema di finanza locale.

Ma la strada tracciata è quella che dovremo perseguire con coraggio nei prossimi mesi: giù la pressione fiscale su lavoro e imprese, giù il rapporto fra spesa pubblica e Pil, avanti con le riforme strutturali che servono per fare uscire il paese non solo dalla drammatica crisi degli ultimi cinque anni, ma anche dalla stagnazione di redditi e produttività che dura ormai da quindici anni. E quindi le riforme costituzionali, quelle della macchina della pubblica amministrazione, quelle dei nuovi strumenti normativi e operativi per condurre senza quartiere la lotta alla corruzione, quelle collegate all'attuazione della delega di riforma fiscale, con al primo posto la semplificazione degli adempimenti a carico dei cittadini e la lotta all'evasione.

Non si può tacere e non prendere atto che la strada tracciata da questo decreto, e dalle proposte politiche più generali su cui è impegnato il Governo Renzi e la maggioranza politica che lo sostiene, hanno ricevuto un chiaro e forte mandato democratico dalle elezioni del 25 maggio. Il Partito Democratico si sente investito in questa direzione da una responsabilità ancora più grande e intensa.

Di fronte all'alternativa fra avventurismo anti-europeo e riformismo europeo, le italiane e gli italiani hanno fatto una scelta chiara e forte.

Una scelta che ci onora, che dà ragione alla difficile battaglia riformista che non usa le urla e le paure, ma la ragionevolezza, l'analisi di merito, la pacatezza, i valori della solidarietà, della civile convivenza, della democrazia. Una scelta che impegna il Governo, la sua maggioranza e soprattutto il Partito Democratico a moltiplicare gli sforzi per fare uscire l'Italia dalla crisi e per costruire un paese più moderno, più capace di crescere e di dare risposta al bisogno di lavoro, soprattutto dei giovani.

E per contribuire a modificare l'asse delle politiche europee, in una condizione che – non dobbiamo nasconderlo – ha visto in tanti paesi dell'Unione prevalere la paura, la voglia di ripiegamento nazionalistico e di ritorno alle piccole patrie. Dimenticando che è dal nazionalismo deteriore che sono nati i drammi del XX secolo, le guerre, la divisione dell'Europa durata fino al 1989.

Nel votare a favore della conversione in legge del decreto che riduce l'Irpef per il lavoro dipendente, il Partito Democratico ribadisce e rinnova il suo impegno: per quanto nelle nostre possibilità, ce la metteremo tutta, con passione e con intelligenza, per corrispondere al mandato del 25 maggio, per portare l'Italia fuori dalle secche provocate dalle mancate riforme degli ultimi quindici anni e per contribuire a salvare l'Europa dai suoi stessi errori.

Riforma del catasto: nessun aumento di gettito, solo effetti perequativi[3]

I motivi per riformare il catasto sono tanti. Le metodologie di estimo risalgono al 1939. L'aggiornamento più recente è del 1989. La distanza fra valori catastali e valori di mercato è, in media, di circa il doppio, ma mai come in questo caso vale il caveat di Trilussa: la distanza è molto più elevata in alcuni casi – tipicamente, le zone urbanisticamente consolidate – e più bassa in altri – tipicamente, le zone periferiche delle grandi aree metropolitane con le costruzioni più recenti. Poiché i valori catastali sono usati per tante basi imponibili – non solo Imu e Tasi, ma anche alcune imposte erariali – queste distorsioni generano un problema di efficienza e di equità del sistema tributario. Un problema la cui dimensione è aumentata da quando, con il "Salva Italia", il livello dell'imposizione sul patrimonio immobiliare

[3] Il Sole 24 Ore, 17 luglio 2015.

in Italia si è bruscamente portato da valori sensibilmente inferiori a valori in linea con le medie UE e Ocse.

La consapevolezza politica sul tema è vasta, tanto che i principi e criteri della riforma del catasto, scritti nell'articolo 2 della delega fiscale, sono stati approvati dal Parlamento senza nessun voto contrario e con il voto favorevole del PdL. La scelta è stata confermata dai recenti indirizzi dell'UE che mettono la riforma del catasto, insieme ad altre della delega fiscale, al primo punto delle misure raccomandate al nostro paese nell'ambito dello scambio "più flessibilità di bilancio contro riforme".

La riforma avrà bisogno di cinque anni per entrare a regime e prevede invarianza di gettito. I nuovi valori catastali non entrano in vigore finché non vengono modificate le aliquote da applicare alle nuove basi imponibili, in modo da garantire un gettito uguale a livello, a seconda dei casi, di intero paese o di ciascun Comune. Alcuni commentatori – fra cui Rebecca su Il Sole 24 Ore del 14 luglio – mettono in dubbio la possibilità di rendere questa clausola effettiva. Ma sbagliano, perché sarà facile determinare le nuove aliquote: in media, se la nuova base imponibile tenderà a raddoppiare, le aliquote d'imposta dovranno semplicemente dimezzarsi. E sarà lo Stato a farlo, non i Comuni, e questo smonta anche chi sostiene che "non possiamo fidarci dei Sindaci". Lo stesso effetto si ottiene abbattendo del 50 per cento il valore da prendere come base di calcolo, ad esempio nel caso dell'Irpef, dove le aliquote sono progressive. La riforma contiene peraltro nuovi strumenti a tutela del contribuente, con la possibilità di ricorrere sia sulle funzioni statistiche che sulle stime puntuali. Ancora, grazie alla riforma potrà essere finalmente superata la questione dei macchinari "imbullonati" negli stabilimenti produttivi, escludendoli dalla stima del nuovo valore catastale.

C'è però un altro problema. Oggi si può scrivere una norma per l'invarianza del gettito delle imposte esistenti, non di quelle future. Dato che il Governo ha già annunciato la sostituzione di Imu e Tasi con una nuova *Local Tax*, una clausola applicata a imposte che verranno sostituite può generare il dubbio che il Governo possa riservarsi di non applicare la medesima clausola alle nuove imposte. È per questo, a me pare, che il Governo ha scelto di rimandare la riforma del catasto all'introduzione della *Local Tax*, prendendo così anche il tempo necessario per un'adeguata campagna di informazione, che riduca lo spazio ad ogni allarmismo strumentale o emotivo di comunicazione politica e riconduca la riforma nell'alveo delle scelte pubbliche per la modernizzazione del paese.

Delega per la riforma del sistema fiscale[4]

Nel votare oggi la proposta di legge delega per la riforma del sistema fiscale il Parlamento attua uno dei punti più rilevanti del rapporto "Agenda possibile", cioè del rapporto che il gruppo di lavoro in materia economico-sociale ed europea ha consegnato al Presidente Napolitano il 12 aprile 2013. L'attuazione di questo punto è stata voluta fortemente dal Partito Democratico, che è stato il primo presentatore in questa legislatura di un progetto di legge in materia, depositato il 15 marzo, quasi un mese prima della consegna del rapporto dei saggi al Presidente.

Questa priorità è stata riconosciuta da tutti in Parlamento. Molti lo hanno ricordato: questa è una delega di iniziativa parlamentare. Abbiamo cominciato a lavorare prima che il Governo assumesse la delega come sua priorità. Questo ci ha dato un'ampia possibilità di discussione, diversamente da quanto accade quando si lavora con i decreti emergenziali. È così che si dovrebbe lavorare, lo abbiamo anche visto nella discussione in Aula ieri. Abbiamo lavorato in Commissione per due mesi, in comitato ristretto ci sono state quindici riunioni, abbiamo pubblicato un testo l'8 agosto, chiuso gli emendamenti il 12 settembre, quindi più di un mese di tempo per le parti sociali, per gli addetti ai lavori e per i deputati per rendersi conto di come emendare.

L'articolazione e la ricchezza di questa discussione le vedo anche dai voti di ieri. Alla fine, se ho ben contato, sei articoli di questa delega su sedici sono stati approvati all'unanimità e sette articoli sono stati approvati senza nessun voto contrario, quindi tredici articoli su sedici senza voti contrari. Su questo voglio ringraziare tutta la Commissione finanze e tutti i gruppi parlamentari, di maggioranza e di opposizione, che hanno contribuito a questa discussione, così come il presidente della Commissione Capezzone, che ha voluto assumere il compito di relatore, e il viceministro Casero, che ha accompagnato i lavori per settimane e settimane. Alcuni elementi del voto finale mi sembrano motivati da questioni politiche, cioè dalla mancanza di fiducia nei confronti del Governo che dovrà attuare questa delega. Nel merito però sappiamo tutti che stiamo facendo delle cose giuste[5].

---

[4] Dichiarazione di voto sul progetto di legge per la Delega al governo recante disposizioni per un sistema fiscale più equo, trasparente e orientato alla crescita (poi divenuta legge n. 23 dell'11 marzo 2014). Montecitorio, 25 settembre 2013.

[5] Il voto finale ha registrato 344 favorevoli, 124 astenuti, nessun voto contrario.

Le norme della delega non hanno l'obiettivo di disegnare un'organica riforma del sistema generale di tassazione. Esse vanno iscritte nel più realistico obiettivo di manutenere e innovare aspetti importanti e sensibili dell'intero sistema: interveniamo insomma non tanto sul *tax design* ma sulla *tax implementation*.

La discussione sulla delega fiscale dimostra che è possibile trovare convergenze e condivisioni tra forze politiche su un tema, come la politica tributaria, che ha sempre determinato grandi litigi e divisioni. Auspico che ciò ci consenta di superare un elemento di rilevante instabilità normativa che si è accumulata nel campo della politica tributaria negli ultimi vent'anni in Italia e che ha contribuito, al di là del giudizio che possiamo dare sulle diverse stagioni, ad aumentare l'incertezza degli operatori economici, e cioè il fatto che ogni legislatura smontava quello che si era fatto nella legislatura precedente. Questa incertezza è diventata uno degli elementi del giudizio negativo che gli investitori italiani e i mercati internazionali danno del nostro paese, un paese che, anche per effetto dell'instabilità e dell'incertezza in materia di politica tributaria, è diventato meno semplice, meno attrattivo per le attività d'impresa.

Nella direzione di conferire certezza e stabilità al nostro sistema fiscale vanno, in questo provvedimento, la ridefinizione dell'abuso del diritto unificata a quella dell'elusione, estesa a tutti i tributi e non limitata a fattispecie particolari, corredata dalla previsione di adeguate garanzie procedimentali; e poi la revisione delle sanzioni penali e amministrative secondo criteri di proporzionalità rispetto alla gravità dei comportamenti; e ancora il miglior funzionamento del contenzioso attraverso l'accelerazione e lo snellimento dell'arretrato e l'accresciuta efficienza delle commissioni tributarie.

Funzionale a questo obiettivo è il miglioramento dei rapporti con i contribuenti, secondo le linee di quello che l'Ocse chiama *enhanced relationship*, cioè relazione amichevole fra amministrazione e contribuenti, prevedendo così sistemi di gestione e di controllo dei rischi fiscali da parte dei grandi contribuenti, potenziando il tutoraggio, attuando una semplificazione sistematica dei regimi fiscali e degli adempimenti inutilmente complessi, introducendo le dichiarazioni precompilate. Più in generale, si intende contenere l'impatto dell'attività di accertamento sullo svolgimento dell'attività economica dei contribuenti, migliorando l'efficacia dei controlli con l'uso appropriato e completo delle informazioni già contenute nelle banche dati a disposizione dell'amministrazione finanziaria e la cooperazione con le altre autorità pubbliche.

Secondo obiettivo è un sistema tributario più orientato alla crescita economica. Qui al centro c'è la revisione dell'imposizione sui redditi di impresa. La revisione dell'imposizione sui redditi da impresa individuale va nella direzione dell'uniformità del trattamento fiscale delle società individuali rispetto alle società di capitali, con l'obiettivo di rendere più neutrale il sistema tributario e con l'obiettivo poi di favorire la patrimonializzazione delle imprese, cioè di estendere anche alle ditte individuali un meccanismo come quello dell'aiuto alla crescita economica (Ace), che di fatto va verso una sostanziale detassazione degli utili che vengono lasciati in azienda e non prelevati dell'imprenditore.

In terzo luogo il provvedimento rafforza nel sistema tributario italiano alcuni obiettivi di equità. Un contributo importante verrà dalla revisione del catasto dei fabbricati, che correggerà le sperequazioni, molto rilevanti, insite nelle attuali rendite. La revisione del catasto richiederà qualche anno per il suo completamento e non dovrà comportare aumenti aggregati del prelievo. Le maggiori rendite saranno compensate, in tutte le imposte su cui esse incidono, da parallele e compensative riduzioni di aliquote.

Effetti positivi sull'equità e sulla neutralità del sistema fiscale deriveranno, oltre che dalla ridefinizione dell'elusione e dell'abuso del diritto, anche dall'ulteriore rafforzamento delle misure volte a contrastare l'evasione fiscale, in particolare in materia di tracciabilità e di fatturazione elettronica, misure che sono state rafforzate dalla lettura che in questa legislatura è stata data del testo. Se confrontato col testo della precedente legislatura, c'è qui un significativo passo avanti, con alcuni riflessi già emersi nella legislazione ordinaria.

Funzionali all'equità saranno anche le revisioni delle cosiddette spese fiscali – le *tax expenditures* – che risulteranno ingiustificate se obsolete, ovvero inefficaci. Si parla molto di questo in funzione di obiettivi immediati di copertura finanziaria, ma attenzione: usare le *tax expenditures* come se fossero una cesta di ciliegie da pescare una alla volta è sbagliato. Si può anche comprenderlo, è legittimo in momenti di difficoltà per trovare coperture finanziarie. Questa delega imposta il lavoro sulle *tax expenditurse* come un lavoro sistematico, ordinato e generale.

Su entrambi i fronti, evasione ed erosione, si ritiene fondamentale dare stabilità, in prospettiva, ai processi e li si inserisce all'interno della procedura di bilancio. Si prevede che annualmente venga elaborata e resa pubblica la misura – ufficiale a questo punto, e non più soltanto statistica – dell'evasione riferita a tutti i principali tributi, e che essa venga presa a base per la valutazione delle misure di contrasto e dell'efficacia degli interventi dell'amministrazione finanziaria. Nella procedura di bilancio sarà inserito un rapporto annuale sulla strategia adottata per contrastare l'evasione fiscale e sui risultati conseguiti. Lo stesso è previsto per le spese fiscali.

L'articolo 14 della delega si occupa dei giochi e, grazie anche al contributo dell'Aula di ieri, è il primo vero tentativo di riforma organica di un settore cresciuto forse troppo, e certamente in modo disordinato. Con l'iniziativa del Partito Democratico, prima in Commissione e poi in Aula, abbiamo dato un nuovo ruolo ai comuni nella pianificazione della localizzazione dei punti giochi. Abbiamo introdotto una nuova disciplina dei titoli autorizzativi; abbiamo reso più stringenti i requisiti per tutti i soggetti della filiera; abbiamo introdotto limiti rilevanti alla pubblicità e abbiamo dato strumenti per rafforzare l'amministrazione in una difficile, ma indispensabile, opera di riordino e di superamento dei contenziosi.

Vado alla conclusione. Dobbiamo domandarci adesso che relazione possa esserci tra questa delega e la discussione quotidiana sulla politica tributaria. Io credo che ci sia una connessione per due motivi, perché l'obiettivo della riduzione della pressione fiscale non può essere tradotto volgarmente e banalmente nell'obiettivo di ridurre indistintamente tutte le tasse.

La pressione fiscale è un rapporto fra un numeratore e un denominatore, e quindi il primo punto è che la pressione fiscale in Italia è cresciuta in modo così drammatico negli ultimi due anni per effetto della bassa crescita, anzi decrescita, economica. Le aliquote marginali sono cresciute perché il reddito è diminuito, e soprattutto quello derivante dal lavoro.

È necessario che tutti paghino le tasse, che vi sia equità e rispetto dei principi costituzionali di capacità contributiva, che l'amministrazione finanziaria diventi sempre più efficiente in un nuovo scenario di relazioni migliorate con il contribuente. Il numeratore della pressione fiscale non è un numero indistinto. Operazioni di riduzione della pressione fiscale possono, insomma, anche passare con meccanismi di riequilibrio, di redistribuzione, a fini di equità ma anche di efficienza.

Proporre riduzioni generali e indistinte è facile sul piano demagogico e comunicativo, ma dimentica l'equità e, soprattutto, dimentica l'efficienza, una cosa che i liberali dovrebbero avere a cuore; per non parlare, poi, degli ineludibili vincoli di finanza pubblica che un Paese così indebitato come l'Italia non può mai dimenticare.

Insomma, è arrivato il momento di un piano a medio termine e globale sulla politica tributaria del Governo, che consideri congiuntamente tutte le variabili e superi una discussione a "foglia di carciofo", per cui ogni giorno parliamo di un'altra tassa. Discutere ogni giorno di una tassa è efficace per i *talk-show* televisivi, ma questa discussione è pessima per definire una razionale e sostenibile agenda politica, per l'immagine del paese e per i segnali di credibilità che diamo all'esterno.

Il Partito Democratico è pronto per le riforme, è pronto per la responsabilità di indirizzare l'agenda di Governo, si fa carico di un progetto per portare l'Italia fuori dalla crisi e vuole rispettare gli impegni presi con il Presidente Napolitano. Il voto favorevole sulla delega fiscale sta dentro questo coerente impianto politico.

L'Imu e la riforma della tassazione immobiliare e comunale[6]

Il decreto 102, che dispone la soppressione della prima rata dell'Imu per l'anno 2013, non contiene alcuna norma di riforma generale della disciplina della tassazione immobiliare, così com'era previsto dal decreto 54, approvato pochi mesi fa dal Parlamento. Anche il decreto 102, come il 54, è un provvedimento di carattere provvisorio, che rimanda le scelte più generali di riforma, che avrebbero dovuto essere assunte entro il 31 agosto, alla legge di stabilità e a un altro decreto che verrà emanato insieme ad essa.

Questa scelta di rinvio, va detto con onestà politica e intellettuale, non aiuta una completa e ponderata valutazione delle decisioni del Governo contenute nel decreto da parte del Parlamento e dell'opinione pubblica. Ci troviamo infatti, e con noi le famiglie, gli operatori economici e i comuni, di fronte a numerosi elementi di incertezza e di incompletezza informativa. Superarli nei prossimi giorni, in modo da chiarire i contorni dell'approdo finale che verrà stabilito alla metà di ottobre, è necessario per dare costrutto e spessore a una discussione troppo spesso attraversata da semplificazioni e superficialità che, invece, è bene restino fuori dal lavoro istruttorio che le Commissioni parlamentari competenti per l'esame in sede referente sul provvedimento sono chiamate a svolgere.

L'abolizione dell'Imu produce incertezza. Il primo elemento d'incertezza riguarda l'evoluzione complessiva dell'equilibrio finanziario delle

[6] Estratto della relazione alle Commissioni Bilancio e Finanze di Montecitorio sul decreto 102/2013. Montecitorio, 12 settembre 2013.

pubbliche amministrazioni durante l'ultimo quadrimestre dell'anno in corso, alla luce delle numerose questioni che restano aperte (la seconda rata Imu, l'Iva, le missioni internazionali, le coperture per il finanziamento della cassa integrazione e per i disoccupati che hanno perduto l'accesso al sistema pensionistico per effetto dell'innalzamento dell'età pensionabile), oltre che, naturalmente, alla luce del peggioramento dei dati relativi alla recessione italiana nel primo semestre dell'anno al confronto con le stime di inizio anno.

La nota di aggiornamento al Def, che il Governo presenterà il 20 settembre, dovrà sciogliere queste incertezze e chiarire, con rigore e prudenza, quali siano davvero i possibili margini di manovra, anche superando alcuni elementi di opacità contenuti nella Relazione di aggiornamento dei quadri di finanza pubblica che ieri la Camera ha approvato, dove si riconosce un peggioramento per il 2014 e il 2015, ma nulla si dice su come ci avviamo a chiudere il 2013.

Ritengo che non possiamo permetterci di correre il rischio di porre a repentaglio l'equilibrio dei conti pubblici raggiunto con tanti sacrifici. Ed è compito del Governo, e in primo luogo del Ministro dell'Economia, mettere il Parlamento a conoscenza dei dati effettivi e, conseguentemente, delle possibili opzioni. Mentre è dovere del Parlamento ricordare che siamo all'interno di un processo di bilancio con caratteristiche sempre più marcatamente federali, e che quindi le scelte di percorso non possono nascere da opzioni unilaterali, né tantomeno da scostamenti casuali e imprevisti dovuti alle difficoltà di decisione politica interna, ma semmai da un processo di interazione e concertazione con le autorità europee.

L'abolizione dell'Imu fa deviare dall'obiettivo di spostare il carico tributario "dalle persone alle cose". Il secondo elemento d'incertezza riguarda il profilo che le politiche tributarie italiane intendono assumere nell'attuale fase ciclica. Poiché è ovvio che non si possono ridurre contemporaneamente tutte le imposte, per evidenti motivi di tenuta dei conti, è necessario operare scelte e selezioni in funzione di obiettivi dichiarati e trasparenti di politica economica.

Nella manovra del dicembre 2011, ad esempio, si perseguì la strada della svalutazione fiscale, con interventi di sgravio sul cuneo e sulla tassazione d'impresa (Ace). Fu aumentata in modo consistente, dall'altro lato, la tassazione patrimoniale attraverso l'Imu (oltre che ridotta la spesa pubblica, con interventi strutturali come quello sulle pensioni). L'obiettivo di politica economica sul versante tributario era palese: la tassazione patrimoniale era più bassa in Italia al confronto con gli altri Paesi, e si trattava quindi di superare una distorsione strutturale; per favorire la crescita e l'efficienza economica è opportuno spostare il peso fiscale dai redditi da lavoro e d'impresa verso patrimoni e consumi. Giulio Tremonti – cito non casualmente un esponente che non appartiene al mio schieramento politico – sintetizzava la questione con l'espressione: spostare la tassazione dalle persone alle cose.

Se oggi si volesse, in conseguenza della perdurante recessione, sostenere la domanda interna, l'intervento più efficace sarebbe sull'Irpef, e soprattutto sull'Irpef gravante sui redditi bassi e medio-bassi, con effetti di riduzione del cuneo fiscale, come da molti richiesto. Sarebbe interessante valutare, durante l'esame del presente decreto e della prossima legge di stabilità, proposte che vadano in questa direzione.

Il Governo ha scelto un'altra strada, quella della riforma della tassazione immobiliare, anche se ancora non sono chiari gli obiettivi di politica economica che intende perseguire. Ad esempio, per aiutare la ripresa delle compravendite sarebbe molto efficace ridurre le imposte sulle transazioni immobiliari, come prospettano le conclusioni dell'Indagine conoscitiva sulla tassazione immobiliare effettuata dal Senato in questi mesi. Di questo però si è parlato poco o nulla. La discussione è concentrata interamente sull'Imu. Si fa fatica a vedere, in questo decreto, ciò che era stato promesso nel decreto 54, e cioè un ridisegno complessivo della tassazione immobiliare. E il Governo è sembrato a tratti non rendersi conto del legame esistente fra tassazione immobiliare e sistema dei tributi comunali, come ad esempio quando ha respinto emendamenti sul decreto 54 volti ad affermare che la riforma da costruire dovesse coinvolgere la tassazione immobiliare e, insieme, quella comunale. Si tratta di criticità rilevanti, che il Parlamento non può fare a meno di rilevare.

Distorsioni dell'Imu. Una riduzione dell'Imu sui fabbricati strumentali alle attività produttive sarebbe di grande utilità soprattutto per i settori esportatori della nostra economia, ma il decreto che stiamo esaminando la limita al solo settore agricolo. Sarebbe importante valutare l'estensione del beneficio agli altri settori produttivi.

L'Imu, introdotta in una situazione di emergenza dal Governo Monti, sulla base del decreto legislativo sul fisco municipale approvato dal precedente Governo Berlusconi, ha diverse distorsioni, e la loro rimozione è certamente condivisibile. Ha fatto bene il Governo, ad esempio, a superare il regime di cogestione dell'imposta fra Stato e Comuni, che non ha ben funzionato. Per migliorare equità ed efficienza di questa imposta, poi, è necessario avviare finalmente il lavoro di riforma del Catasto, su cui nei prossimi giorni sarà varato in questo ramo del Palamento, prima ancora del decreto 102, l'importante provvedimento di delega al Governo per la riforma degli strumenti della politica fiscale.

Va poi ricordato che nella transizione dall'Ici all'Imu gli immobili sfitti, lasciati nella disponibilità del proprietario, hanno ottenuto un trattamento relativamente migliore degli immobili che i proprietari immettono nel mercato degli affitti. Sarebbe utile verificare la possibilità di superare questa distorsione, a cui il Governo aveva pensato ma che poi non ha trovato – per motivi che, francamente, si stenta a comprendere – spazio nel decreto di cui oggi iniziamo l'esame. Per migliorare il funzionamento del mercato degli affitti il decreto introduce importanti misure, da valorizzare, fra cui una riduzione della cedolare secca sugli affitti a canone concordato. Alla luce della riforma che si prospetta, e cioè della sostituzione dell'Imu sull'abitazione principale a carico dei proprietari con una imposta sui servizi comunali a carico di tutti, compresi i non proprietari, sarebbe utile verificare la fattibilità di ulteriori interventi a vantaggio dell'affitto, come ad esempio un aumento delle detrazioni a beneficio degli affittuari ovvero una differenziazione delle aliquote Imu a beneficio dei proprietari, sempre con l'obiettivo di incentivare il canale del canone concordato.

L'abolizione dell'Imu non produce effetti di sostegno alla domanda aggregata. L'apporto che l'abolizione dell'Imu sull'abitazione di residenza può portare al sostegno della domanda interna non è stato, invece, mai compiutamente dimostrato.

Un recente Rapporto che il Ministero dell'Economia e delle Finanze ha pubblicato, anzi, ha mostrato che, essendo il gettito dell'imposta, nel comparto abitativo, relativamente più concentrato di quello di altre imposte – un effetto che deriva dalla maggiore concentrazione dei valori della proprietà immobiliare al confronto con quella dei redditi, oltre che dal sistema di detrazioni fisse introdotto nel dicembre del 2011, che già esenta dall'imposta il 25 per cento dei proprietari – il 70 per cento dell'imposta è versata dal 30 per cento degli immobili di maggior valore catastale. Poiché il possesso di immobili di elevato valore catastale è correlato al reddito (passato e presente, con eccezioni di cui si può tenere conto con adeguati sistemi di detrazione), le valutazioni del Mef ci dicono che solo una piccola parte dei 4,8 miliardi di sgravio complessivo di imposta va a beneficio di famiglie con reddito basso e medio basso, e quindi a elevata propensione al consumo.

E infatti il Rapporto del Mef ci ricorda che: "La proposta di esenzione totale dall'Imu per l'abitazione principale non sembra pienamente giustificabile sul piano dell'equità ed efficienza (...); sotto il profilo dell'efficienza, le imposte immobiliari sono preferibili alle imposte sui fattori produttivi (lavoro e capitale) perché minimizzano l'impatto negativo delle imposte sulla crescita economica e hanno effetti meno distorsivi sull'utilizzo dei fattori produttivi e sull'accumulazione del capitale; (...) Sotto il profilo dell'equità si rileva come il possesso dell'abitazione principale è uno dei fattori per la definizione della condizione economica dei contribuenti e della relativa capacità contributiva. L'Imu sull'abitazione principale, pur tassando il patrimonio ad aliquote proporzionali e non progressive, equivale a un'imposizione progressiva sul reddito, considerato che la ricchezza immobiliare è più concentrata del reddito".

È lo stesso Governo, insomma, a certificare che l'impatto del provvedimento ai fini del sostegno ai consumi sia più modesto al confronto con altre manovre tributarie. Dato che il Rapporto del Mef è ricchissimo di analisi, dati, valutazioni e proposte alternative, e dato che dobbiamo dare per scontato che quel Rapporto sia stato letto e preso in considerazione dall'intero Governo, e non solo dal Ministro che l'ha, meritevolmente, prodotto, la conclusione minima a cui si può pervenire – interrompendo qui un ragionamento che potrà utilmente essere approfondito nel prosieguo della nostra discussione – è che il Governo è apparso, in merito, confuso, sia nella definizione degli obiettivi di politica economica, sia nella coerenza fra documentazione tecnica prodotta e dinamica della discussione politica.

L'Italia come la Mongolia, il Niger, il Congo e lo Yemen. Un'altra area d'incertezza riguarda il futuro assetto a regime del sistema dei tributi comunali. Un sistema che è ormai in crisi permanente dal 2008. In tutto il mondo la tipica base imponibile per la finanza comunale è legata agli spazi occupati da terreni e immobili. Il motivo è evidente: la base fondiaria e immobiliare è certa all'interno di circoscrizioni amministrative piccole come quelle comunali, mentre altre basi imponibili sarebbero più difficili, se non impossibili, da accertare, e cioè da suddividere fra i diversi territori.

Inoltre, il valore del patrimonio immobiliare è influenzato dalla qualità e quantità di servizi e infrastrutture la cui produzione è organizzata dall'ente amministrativo di prossimità, e ciò crea un circuito virtuoso fra bontà dei servizi e delle infrastrutture, esternalità che essi creano per il territorio e meccanismi per il loro finanziamento. Infine, i soggetti che occupano gli spazi urbani, famiglie e imprese, sono i diretti interessati al buon funzionamento dell'ente locale e ciò crea un ulteriore circuito virtuoso, di responsabilizzazione da parte degli amministratori e di controllo da parte dei residenti. Circuito che, naturalmente, si spezza se il finanziamento dell'ente locale non viene garantito dai residenti, ma da altri sistemi, ad esempio di finanza interamente derivata.

In effetti, consultando le banche dati internazionali, ci sono solo quattro Paesi al mondo che, nell'adottare l'imposta patrimoniale reale, esentano l'abitazione principale: si tratta della Mongolia, del Niger, della Repubblica del Congo e dello Yemen. Nonostante le difficoltà che il nostro sistema socio economico affronta da più di un decennio, non penso che siamo già arrivati, come Paese Italia, ad essere costretti a sceglierci *benchmark* internazionali di questo livello, e su questo invito a una riflessione seria e onesta le forze politiche che fanno dell'abolizione dell'Imu sulla prima casa una bandiera di carattere programmatico.

Quale assetto per i tributi comunali? Il modo in cui, nei diversi Paesi, lo spazio occupato si trasforma in base imponibile per l'imposta locale è molto eterogeneo. Si va da un estremo in cui viene adottata una patrimoniale pura, associando allo spazio occupato il valore catastale dell'immobile, ad un altro estremo in cui il costo dei servizi viene semplicemente diviso pro capite (*poll tax*). In quest'ultimo caso, com'è noto, sono massime le conseguenze negative sul piano distributivo e di mancato rispetto dei principi di capacità contributiva. Esistono comunque diverse modalità con cui far convivere le varie componenti di un'imposta locale sui servizi, comprendendovi sia la quota patrimoniale sia quella connessa all'estensione degli spazi e a indicatori di consumo dei servizi. In alcuni Paesi, come la Francia, l'imposta patrimoniale locale convive con un'imposta locale sui servizi. In tutti i Paesi la gestione di queste imposte è ampiamente devoluta alla responsabilità delle comunità locali, con intervalli di variazione molto elevati fra i diversi territori, ben più alti – soprattutto nei Paesi ad ordinamento federale – di quelli mai concessi ai Comuni italiani sia con l'Ici sia con l'Imu.

Il Governo ha annunciato che la riforma che si intende mettere definitivamente a punto alla metà di ottobre contempla la sostituzione dell'Imu sulle abitazioni principali con una nuova imposta comunale sui servizi. Si tratta di una decisione sostenibile, di un compromesso onorevole fra le diverse proposte, anche molto distanti fra loro, dei partiti che formano la maggioranza di Governo. Si va, insomma, nella direzione di quella "sintesi equilibrata e innovativa delle diverse posizioni e sensibilità che sono emerse in materia" auspicata dal relatore sul decreto legge n. 54 del 2013, onorevole Capezzone, il quale sottolineava come ciascuna forza politica avrebbe dovuto "anche rivedere la fissità delle rispettive posizioni di partenza".

Imposta comunale sui servizi. Di un'imposta comunale sui servizi si parla in Italia dalla seconda metà degli anni '90, e proposte in questa direzione sono state avanzate, in sostituzione dell'Ici sulle abitazioni principali, nel 2010 dal Partito Democratico e nel 2011 da un decreto legislativo mai attuato, elaborato dal Ministro Calderoli e approvato dal Governo Berlusconi poco prima delle sue dimissioni, che istituiva il tributo comunale rifiuti e servizi. Visto però che le imposte comunali sui servizi possono assumere natura molto variegata, è assolutamente necessario che il Parlamento e il Governo comincino fin da ora a chiarire "quale" imposta comunale sui servizi verrà introdotta al posto dell'Imu sull'abitazione principale.

Non si possono lasciare nell'incertezza e nell'approssimazione elementi fondamentali: sarà più vicina a una *poll tax* o avrà una componente legata al valore patrimoniale? Ricordo che nel decreto Calderoli-Berlusconi l'imposta era interamente patrimoniale. Sarà pagata da tutti i residenti? Solo dalle famiglie o anche dalle imprese? Come si intreccerà con l'Imu, la quale, è bene ricordarlo, resta in vigore per tutte le unità immobiliari non abitative e per quelle abitative non destinate ad abitazione principale? Ci sarà o no un aumento dei trasferimenti ai Comuni, per fare in modo che la nuova imposta valga, per la famiglia proprietaria di casa che non paga più l'Imu, meno di quanto valeva l'Imu? E come si intende evitare, o riequilibrare, l'impatto certamente regressivo dovuto al fatto che una parte della nuova imposta sarà a carico delle famiglie non proprietarie della casa di abitazione? Il mantenimento dell'imposta patrimoniale reale su una piccola quota di abitazioni principali di maggior valore potrebbe essere utile in questa direzione, e cioè in direzione dell'equità, oltre che aiutare a comporre un quadro finanziario che oggi sembra francamente drammatico.

Non si tratta di particolari di poco conto. Il giudizio su quel compromesso onorevole di cui poco fa parlavo dipende in modo cruciale dalle risposte che il Governo e il Parlamento sapranno dare, nei prossimi giorni, alle domande appena enunciate: si potrà giudicare quel compromesso come la base per una riforma strutturale destinata a durare nel tempo, oppure invece come un accordo dal sapore politicistico destinato a non produrre alcunché di sensato per il sistema della finanza comunale e per il sistema tributario nel suo complesso. È responsabilità delle forze politiche, in primo luogo di quelle di maggioranza, condurre questa discussione su basi di verità e di sano realismo, superando ogni ipocrisia e ogni approccio di tipo propagandistico.

Governo Letta e Imu: trovare un punto di equilibrio[7]

Fa bene il governo Letta a cercare un "pacchetto di mischia" di provvedimenti che puntino a un effetto shock sulla nostra depressa economia. Il più importante è lo sblocco dei pagamenti pubblici, che sta già oggi iniettando 20 miliardi di liquidità nel 2013, altrettanti nel 2014 e potenzialmente altri ancora quando, dopo il 15 settembre e la conclusione del censimento, si potranno attivare ulteriori canali di finanziamento per i crediti certificati e dotati di adeguata garanzia.

Oggi la discussione si concentra sulle riduzioni fiscali. I cui effetti antidepressivi non vanno sopravvalutati: le tenaglie che stringono i livelli di attività e di occupazione sono la bassa domanda interna (italiana ed europea) e il razionamento del credito.

Sotto questo profilo, il miglior intervento fiscale sarebbe la riduzione dell'Irpef sui redditi bassi e medi, l'unico che potrebbe sortire effetti certi sui consumi. Oppure una riedizione del lodo "Brunetta-Baretta" della legge di stabilità 2013, con un'equa ripartizione fra riduzioni Irpef e riduzioni del cuneo fiscale.

L'emergenza – e una certa vischiosità della politica – costringe invece a cominciare la discussione da Imu e Iva. Va bene, ma a tre condizioni. Primo, che il costo sia sopportabile. Otto miliardi a regime sono davvero troppi, soprattutto se si pensa che il 70 per cento dell'Imu delle persone fisiche è pagata sul 30 per cento degli immobili di maggior valore catastale e che quindi un'ampia estensione delle esenzioni – che si potrebbero commisurare appunto al valore catastale, tenendo conto dei dati più recenti elaborati dall'ex Agenzia del Territorio e abolendo il moltiplicatore uguale per tutti

[7] Il Sole 24 Ore, 16 giugno 2013.

introdotto nel "Salva Italia" – è compatibile con la tenuta di almeno metà del gettito, e cioè della somma che serve per evitare l'aumento Iva.

Secondo, che le coperture non ribaltino l'impatto atteso dalla manovra sulla domanda: non è pensabile, ad esempio, aggredire le detrazioni Irpef, in particolare quelle che farebbero aumentare il carico fiscale sui redditi bassi e medi.

Terzo, che l'intervento, per quanto congiunturale, sia coerente con obiettivi strutturali a medio termine per il *tax design* del sistema: come ha sottolineato il Fmi nel rapporto del settembre 2012 sul sistema tributario italiano, la nostra fiscalità immobiliare non è caratterizzata da un eccesso di imposte patrimoniali, ma da un eccesso di imposte sui trasferimenti – che deprimono le compravendite – e da scarsa attenzione al regime fiscale delle locazioni – peggiorato con l'Imu, nonostante la cedolare secca, al confronto con il regime riservato agli immobili a disposizione – il che deprime il mercato degli affitti.

Per superare una discussione che appare emotiva e segnata da troppo nervosismo c'è una sola strada: che il governo riesca ad approdare a punti di equilibrio innovativi e sostenibili e che nessuna forza politica pretenda di trovare nelle soluzioni proposte dal governo la fotocopia di quanto aveva scritto nel suo programma elettorale.

Come ridurre l'erosione fiscale[8]

La prima montagna che il governo Monti dovrà scalare sono i venti miliardi previsti dalla delega fiscale e portati a copertura per il pareggio di bilancio. Il governo precedente aveva previsto che, per raggiungere quella notevole cifra, si sarebbe proceduto, entro il settembre del 2012, al taglio lineare dei regimi di agevolazione fiscale. Si tratta degli oltre seicento regimi agevolativi, per un ammontare di erosione fiscale superiore a 200 miliardi, censiti in un apposito rapporto da un gruppo di studio istituito da Tremonti, a cui hanno partecipato tutte le rappresentanze sociali, del lavoro e dell'impresa.

Agire in questa partita con indiscriminati tagli di tipo lineare sarebbe iniquo e inefficiente. Nella lista delle agevolazioni, infatti, sono compresi istituti che fanno parte strutturalmente del disegno fiscale della principale

[8] L'Unità, 21 novembre 2011.

imposta italiana, l'Irpef, come le detrazioni per lavoro o per carichi familiari, la cui riduzione provocherebbe un'inaccettabile aumento della pressione fiscale sui redditi bassi e medio-bassi.

Occorre allora evitare che scatti la clausola di salvaguardia del taglio automatico. E la strada è una sola: partire subito dal rapporto predisposto dal gruppo di studio già istituito e lavorare di cesello, scegliendo con criteri trasparenti quali regimi possono essere ridotti o eliminati. Esercitare insomma un'azione selettiva volta a contrastare l'erosione dei gettiti e delle basi fiscali, avendo in mente alcuni obiettivi razionali, a partire dall'equità, dal rispetto delle norme comunitarie, dalla obsolescenza dei regimi esistenti, dalla loro efficacia, ecc.

Le parti sociali possono essere coinvolte in questo esercizio, nel nuovo clima di impegno nazionale, perché certamente a ciascuna andrà chiesto di rinunciare a qualcosa. Le stesse parti sociali, peraltro, hanno sempre mostrato preoccupazione e contrarietà ai tagli lineari delle agevolazioni e hanno dichiarato di preferire un'azione di tipo selettivo.

È il momento allora, questa azione, di metterla in cantiere, utilizzando il lavoro del gruppo di studio e l'istruttoria cominciata in Parlamento durante le audizioni già svolte in Commissione finanze. Soltanto dopo sarà possibile capire quanto manca per raggiungere l'obiettivo dei venti miliardi e quali altri strumenti sarà necessario attivare.

Capitolo quinto

La fine del segreto bancario

Voluntary disclosure: un bilancio[1]

Oggi la Camera approva in via definitiva un decreto-legge dai contenuti ampiamente tecnici, che completa le procedure già previste per la cosiddetta *voluntary disclosure*. I termini vengono prorogati di poche settimane, vengono chiarite alcune incertezze interpretative, si consentono all'Agenzia delle entrate alcuni accorgimenti di natura organizzativa necessari per adempiere all'incremento di attività che durante il 2016 gli uffici dell'Agenzia dovranno garantire per l'esame delle pratiche. I frutti del decreto sono già misurabili, si sono già realizzati, perché la curva delle adesioni si è impennata subito dopo la sua emanazione, raggiungendo i livelli ormai noti e ampiamente al di sopra delle aspettative: circa 80 mila domande, secondo i dati comunicati qualche giorno fa dal Governo; ad oggi 85 mila; probabilmente, da qui alla fine del mese, circa 100 mila istanze.

È abbastanza per dire che la procedura di *voluntary disclosure*, approvata dal Parlamento italiano undici mesi fa per offrire una strada all'emersione e al rientro dei capitali, con un veicolo di legge parlamentare, ha ottenuto un rilevante successo. Un successo che va valutato soprattutto alla luce del fatto che si tratta di un intervento geneticamente diverso da tutti quelli messi in campo in passato nel nostro Paese.

Non è uno scudo, perché non c'è l'anonimato. Non è un condono, perché le imposte si pagano tutte, gli sconti sono solo sulle sanzioni amministrative e penali, legate alle sole inadempienze tributarie. Sulla base dei primi dati, le imposte da pagare saranno all'incirca il 43 per cento dell'imponibile emerso. Altro che il 5 per cento di Tremonti!

---

[1] Dichiarazione di voto sul decreto 153/2015. Montecitorio, 13 settembre 2015.

Inoltre, corrisponde ai modelli di intervento sollecitati dalle istituzioni internazionali. Dall'Ocse, ad esempio, che per prima propose il metodo della collaborazione fra contribuente e amministrazione. E soprattutto dal Gafi, Gruppo di azione finanziaria internazionale, che ha da molto tempo sollecitato procedure di emersione che consentano una più efficace lotta alle attività di riciclaggio derivanti dai proventi di attività illecite. Non a caso, nella legge 186 del 2014, che oggi stiamo lievemente ritoccando, una delle cose più importanti è l'introduzione anche in Italia del reato di autoriciclaggio, ovvero di occultamento delle somme. Un giudizio positivo è stato espresso dai magistrati impegnati sui reati finanziari, come ad esempio il dottor Greco.

Quindi un intervento geneticamente diverso, in un mondo che sta cambiando: 84 paesi hanno firmato la convenzione Ocse che elimina il segreto bancario e stabilisce le modalità per lo scambio di informazioni ai fini fiscali e di antiriciclaggio. E questo su una importante iniziativa del Governo italiano, in particolare dei Governi di centrosinistra. È stata l'Italia, insieme alla Germania, a trainare gli accordi internazionali che stanno facendo saltare il segreto bancario, e questa è la prima e fondamentale novità di questi anni per contrastare l'evasione internazionale. Non solo, l'Italia negli ultimi mesi, per iniziativa del Governo Renzi, ha firmato 17 accordi bilaterali con paesi *black list*, che anticipano l'applicazione delle nuove norme internazionali, e soprattutto accordi con la Svizzera, il Liechtenstein, il Principato di Monaco e lo Stato della Città del Vaticano.

Le adesioni alla *voluntary disclosure* sono al di sopra delle aspettative, il gettito che deriverà da queste adesioni permette di evitare l'aumento delle accise sui carburanti, ma copre anche due miliardi nella legge di stabilità, che serviranno a ridurre le imposte sulle imprese, a eliminare l'Imu sui macchinari imbullonati, a ridurre le imposte sull'agricoltura, a ridurre le imposte sulla casa, a finanziare la prosecuzione del regime di decontribuzione per i nuovi assunti a tempo indeterminato.

Ma non è solo il gettito a cui si deve guardare. Queste 100 mila posizioni diventano adesso permanentemente in chiaro, con una riduzione strutturale del tasso di evasione. Da questi 100 mila procedimenti sono già derivate 1600 segnalazioni di operazioni sospette ai fini antiriciclaggio, a dimostrazione che il nesso fra emersione volontaria e antiriciclaggio, come per anni ci ha detto il Gafi, funziona.

Le modalità di adempimento collaborativo disegnano un nuovo fisco, che stiamo costruendo: più trasparenza da parte dei contribuenti, approccio amichevole e collaborativo, e non burocratico e oppressivo, da parte dell'amministrazione finanziaria. Una nuova *tax compliance*; il tutoraggio; il ravvedimento operoso lungo; la riforma dell'apparato sanzionatorio, col rafforzamento delle fattispecie penali legate ai comportamenti fraudolenti, oltre che al riciclaggio, e l'alleggerimento invece delle inadempienze tributarie non riconducibili a frodi; maggiore certezza del diritto, quindi soluzione del problema dell'abuso del diritto; dichiarazioni precompilate per le persone fisiche; prossimo passo, che speriamo di compiere con appositi emendamenti in corso di studio a questa legge di stabilità, la trasmissione telematica dei dati, che potrebbe portare a dichiarazioni precompilate anche per l'Iva, con un fortissimo sgravio di adempimenti a vantaggio delle imprese.

Da un lato trasparenza, dall'altro nuovi strumenti di contrasto all'evasione che non siano invasivi e non siano costosi per i contribuenti e per le imprese, come ad esempio l'incrocio tra dati finanziari dei conti correnti e dati fiscali.

Insomma, i tempi stanno cambiando. Cinquanta anni fa Bob Dylan diceva "the times they are a changin'". Quando i tempi cambiano, all'inizio ci sono i gufi, quelli che dicono che tanto non cambierà mai nulla. Ricordo un articolo uscito su la Repubblica a firma del compianto Mario Pirani, che ricordo ora a tutti noi, che uscì nei giorni in cui, in Aula, approvammo la *voluntary*. Pirani aveva ricevuto una lettera (anonima) dalla Svizzera da parte di un intermediario finanziario che diceva: figuriamoci...quando mai le banche svizzere rinunceranno al segreto bancario. Bene: hanno rinunciato. Domandate a qualsiasi contribuente italiano che, in questi mesi, ha provato ad andare a Lugano a ritirare i propri depositi in una banca svizzera. Non glieli danno, a meno che non vi sia la dichiarazione che quei soldi sono trasparenti sul piano fiscale ovvero la banca assiste il cliente nella procedura di richiesta di *voluntary disclosure*.

All'inizio ci sono i gufi. Dopo, però, quando i cambiamenti sono visibili e non sono più discutibili, quando i cambiamenti diventano fatti incontestabili, come la fine del segreto bancario in Svizzera, i gufi si trasformano in ciechi. Nella migliore delle ipotesi sono di cattivo umore perché le loro profezie di sventura non si sono realizzate: rosicano. Nell'ipotesi peggiore la loro cecità rischia di distorcere i fatti e di confondere la pubblica opinione con vere e proprie bugie. In questi giorni ne abbiamo sentite tante in quest'Aula, sia da parte di gufi che rosicano sia da parte di orbi che mentono.

La *voluntary disclosure* non è uno scudo e non è un condono. Non tutti gli italiani che hanno soldi in Svizzera sono evasori criminali. In Commissione ho sentito dire che queste centomila persone sarebbero tutte delinquenti. No, ragazzi. Non è così. L'Agenzia delle entrate non ce la farà, è stato detto. Nessuno, però, ha detto che con questo provvedimento abbiamo avviato novecento assunzioni aggiuntive, dal primo gennaio, nell'Agenzia delle entrate, proprio per seguire questo provvedimento.

L'onorevole Pesco, poco fa, ci poneva un problema etico. Glielo pongo io un problema etico, leggendo una frase di Karl Popper: "evitare l'errore è un ideale meschino; se ci confrontiamo con problemi difficili, è facile che sbaglieremo; l'importante è apprendere dai nostri errori. L'errore individuato ed eliminato costituisce il segnale che ci permette di venire fuori dalla caverna della nostra ignoranza".

Caro onorevole Pesco, in politica il problema non è sbagliare. Se voi ci dite che il Pd qualche volta sbaglia, io rispondo, sì, è vero, il Pd qualche volta sbaglia. Ma, qual'è il punto? Il punto è riconoscere gli errori, affrontare gli errori, reagire agli errori e non rifarli più. In politica chi pretende di non sbagliare mai è un assolutista demagogo.

La via italiana all'emersione dei capitali[2]

Il Parlamento ha approvato il testo di una legge che introduce una procedura per regolarizzare i capitali nascosti detenuti da cittadini e imprese italiani, senza anonimato e pagando quanto dovuto al fisco. Il progetto di legge ripropone i contenuti di un decreto emanato dal governo Letta ma non convertito dal Parlamento, e li arricchisce sotto molti aspetti. È da sottolineare che la proposta di legge è di iniziativa parlamentare, con prima firma da parte di chi scrive questa nota.

Da un lato, la regolarizzazione spontanea permette di abbattere sanzioni e interessi, e riduce anche in modo molto ampio il rischio di conseguenze penali per eventuali reati di tipo tributario; dall'altro lato, è stato introdotto nel testo il nuovo reato di autoriciclaggio, che punisce le condotte di occultamento dei proventi derivanti da reati non colposi da parte di chi ha commesso il reato, e non solo – come oggi prevede il codice penale – da parte di intermediari.

---

[2] www.marcocausi.it, 17 ottobre 2014.

La via italiana all'emersione dei capitali, sia di quelli esportati sia di quelli detenuti in Italia, punta così sulla carota degli sconti – chi riemerge entro il 15 settembre 2015 ha forti facilitazioni monetarie e non rischia di essere imputato per riciclaggio e per un ampio spettro di reati tributari – e sul bastone del nuovo reato – chi non dovesse riemergere e decidesse invece di spostare i soldi verso i paradisi fiscali che mantengono il segreto bancario (dove, è bene ricordare, non ci sono più Svizzera, Lussemburgo, San Marino, e tutti gli altri paesi che si stanno adeguando ai nuovi standard internazionali di trasparenza finanziaria), deve sapere che non rischia solo per gli eventuali reati tributari che stanno all'origine dell'esportazione dei capitali ma anche per il reato di autoriciclaggio.

In questa nota si forniscono le informazioni di contesto e l'analisi dei contenuti del testo di legge sulla *voluntary disclosure* (Vd).

Verso la fine del segreto bancario. Lo scambio automatico di informazioni finanziarie – e quindi la fine del segreto bancario – sta diventando il nuovo standard globale a livello internazionale, per effetto dell'azione esercitata dopo la crisi del 2008-2009 da G20, Ocse e Unione Europea – in Europa in particolare con la nuova Direttiva sul risparmio.

A partire dal 2017-2018, sulla base di regole e trattati ormai in vigore, cadrà il segreto bancario in Svizzera e in tanti altri paesi (Singapore, Lussemburgo, San Marino, ecc.). I correntisti italiani di banche svizzere hanno già ricevuto lettere in cui si chiede di dichiarare la "pulizia" fiscale delle somme detenute, e in assenza di questa dichiarazione si annuncia la chiusura del conto corrente o del conto titoli. Dentro questo quadro di riferimento all'Italia conviene anticipare la scadenza del 2017-2018, prevedendo una Vd che consenta agli italiani che non hanno dichiarato capitali detenuti all'estero di regolarizzare la loro posizione con il fisco italiano, pagando l'imposta dovuta con sconti sulle sanzioni amministrative e su eventuali reati fiscali.

Conviene anche, in particolare, concludere con la Svizzera un accordo bilaterale – in fase di avanzata negoziazione – che consenta la "riemersione" delle ingenti somme depositate da residenti italiani nelle banche di quel paese. In questo senso si è espresso anche il Presidente Napolitano durante la sua visita ufficiale a Berna il 20 maggio scorso. C'è un interesse anche da parte della Svizzera, così come di altri paesi, che possono preferire l'opzione di uscire dalla *black list* – e cioè dalla lista di paesi che non riconoscono l'interscambio informativo – per non perdere la clientela italiana.

Le regole Ocse e il decreto Letta-Saccomanni. I paletti politici dell'operazione sono stati disegnati in un decreto emanato dal Governo Letta, ma poi non convertito dal Parlamento in conseguenza della crisi che ha portato al passaggio di testimone da Letta a Renzi: la "riemersione" deve avvenire applicando le regole Ocse, e cioè con una Vd nominativa e trasparente da parte dei contribuenti.

Questo elemento si contrappone nettamente ai condoni varati in passato dai governi italiani di centrodestra, che garantivano anonimato e bassissimo costo. Si contrappone anche agli accordi del tipo "Rubik", come quello siglato con la Svizzera dal Governo federale tedesco ma poi non ratificato dal Parlamento per l'opposizione della SPD, che facevano pagare di più ma garantivano comunque l'anonimato.

Oltre al fatto che la Vd deve passare per una dichiarazione nominativa, il procedimento prevede il pagamento integrale delle imposte eventualmente evase sulle somme esportate e di quelle sui flussi di reddito (interessi, dividendi, ecc.) guadagnati durante gli anni di esportazione. Per rendere l'operazione efficace, l'Ocse consiglia di inserire un mix opportuno di elementi di incentivo. In particolare:

a. incentivi "in positivo", con sconti – anche consistenti – su sanzioni e interessi di carattere amministrativo;

b. altri incentivi "in positivo", con sconti sulle sanzioni penali eventualmente comminabili se all'origine dell'esportazione dei capitali è stato commesso un reato di tipo tributario (una problematica, questa, che non esisteva con i condoni Tremonti, poiché l'anonimato faceva da scudo alle eventuali responsabilità penali);

c. incentivi "in negativo", con il rafforzamento delle norme relative al reato di riciclaggio – punto, questo, molto rilevante per l'Italia, a cui tutti gli organismi internazionali chiedono da anni di riformare la norma del codice penale relativa al riciclaggio, prevedendo l'autoriciclaggio. Infatti, nel nostro paese viene escluso dalla fattispecie del riciclaggio il soggetto che ha commesso il reato presupposto da cui sono derivate le somme di denaro che vengono trasferite o utilizzate in modo da nasconderne la provenienza delittuosa.

Il testo approvato dal Parlamento. Le norme contenute nel decreto Letta-Saccomanni sono state trasformate in progetto di legge parlamentare. Il testo originario è stato significativamente innovato, con tre principali novità:

a. accanto al procedimento di Vd per chi ha esportato i capitali all'estero, è stata introdotta una parallela Vd per chi ha nascosto i capitali in Italia, in tutto e per tutto analoga, e cioè senza anonimato, con pagamento integrale, con modello di dichiarazione dettagliato e sottoposto al vaglio dell'Agenzia delle entrate;
b. il sistema degli sconti – amministrativi e penali – è stato rafforzato;
c. è stata introdotta, in origine con un emendamento presentato dal Pd e poi con un testo formulato dal Governo, la riforma del reato di riciclaggio, prevedendo l'autoriciclaggio.

La trattativa con la Svizzera per un accordo bilaterale. Un ulteriore obiettivo che la legge persegue è quello di incentivare la firma di accordi con i paesi che ancora non garantiscono lo scambio di informazioni, ma sono ormai sulla strada per farlo, come la Svizzera. Accordi bilaterali di questo tipo sono già stati firmati dalla Confederazione elvetica con la Francia e la Spagna. L'incentivo viaggia così: l'adesione all'accordo di scambio di informazioni con l'Italia comporterà l'applicazione, agli italiani che faranno la Vd, delle sanzioni – più morbide – che si pagano provenendo da paesi *white list*. In questo modo le banche svizzere avrebbero convenienza a fare aderire i loro clienti alla Vd, anche per non perderli.

Le dichiarazioni del Ministro dell'Economia Padoan. In uno studio del 2011, i capitali non dichiarati detenuti all'estero dagli italiani oscillavano a fine 2008 fra 124 e 194 miliardi. Non ci sono stime più recenti, ma si può pensare a cifre che oscillano fra 200 e 250 miliardi. A cui vanno aggiunti i capitali occultati in Italia. E dedotti però i capitali ripuliti dagli scudi Tremonti, coperti dall'anonimato. La riemersione di queste disponibilità – oltre a portare risorse all'erario – potrebbe avere un effetto favorevole sulle imprese italiane e sulla loro patrimonializzazione.

Non a caso il Ministro dell'economia, Piercarlo Padoan, ha commentato positivamente, nella giornata di giovedì 10 ottobre, la chiusura del provvedimento in Commissione, affermando che l'emendamento al progetto di legge sul rientro dei capitali dall'estero che introduce il reato di autoriciclaggio è un "passo avanti molto importante verso una regolarizzazione degli scambi internazionali e in linea con le migliori pratiche", aggiungendo anche che "si tratta di uno strumento fondamentale per migliorare il contrasto all'evasione fiscale" e che l'attuazione di questa legge "porterà un contributo tangibile al Paese e permetterà di concludere accordi sullo scambio di informazioni".

Padoan ha aggiunto che dalla legge "ci aspettiamo risorse", anche se il Governo tiene ferma la decisione di non azzardare alcuna previsione quantitativa. Nel testo di legge le risorse rinvenienti sono destinate al pagamento dei debiti commerciali della P.A., ad investimenti pubblici e al finanziamento del Fondo per la riduzione della pressione fiscale.

Il nuovo reato di autoriciclaggio. L'articolo 3 del progetto di legge sul rientro dei capitali contiene una rilevante innovazione legislativa, con l'introduzione nel codice penale del nuovo articolo 648-ter.1 "autoriciclaggio". Si tratta di un'innovazione più volte sollecitata all'Italia dal Fondo monetario internazionale, dal Gafi (Gruppo di azione finanziaria internazionale) e dal G20, per consentire al nostro paese di aderire più compiutamente alle nuove regole internazionali in materia di trasparenza dei movimenti di capitale e di regolazione della globalizzazione finanziaria, anche ai fini anti evasione fiscale. In questo senso, l'Italia si era già impegnata due anni fa, nel momento in cui ha ratificato la Convenzione di Strasburgo del 1999.

Sul testo del nuovo reato si è svolto un ampio dibattito pubblico, soprattutto grazie all'iniziativa della Commissione giustizia della Camera la quale – nell'espressione del prescritto parere alla Commissione finanze – ha organizzato una serie di pubbliche audizioni e ha proposto un testo che successivamente il Governo ha sostanzialmente utilizzato come base di riferimento per il suo emendamento.

Il testo contenuto nella legge è frutto quindi di un'importante collaborazione fra Ministero della Giustizia e Ministero dell'economia, che ha preso spunto dal contributo costruttivo della Commissione giustizia di Montecitorio. Si tratta di un testo equilibrato e puntuale: ciò che si vuole colpire sono le condotte di occultamento e ostacolo concreto frapposte all'identificazione dei proventi illeciti, specificando per inverso che non sono punibili le condotte di mera utilizzazione o di godimento personale attuate in forme agevolmente ricostruibili e trasparenti, che rappresentano soltanto la prosecuzione del delitto presupposto, peraltro già punito.

È l'occultamento (l'ostacolo concretamente posto all'identificazione della provenienza delittuosa delle somme) il cuore del nuovo reato, non il "reinvestimento" o "reimpiego" puro e semplice. In altri termini, sono del tutto infondati e immotivati i timori palesati ad arte da alcuni esponenti di Forza Italia, e rilanciati in una campagna stampa da alcuni giornali della destra, in quanto è certo che la norma non consente di punire a titolo di autoriciclaggio quanti ad esempio utilizzino i proventi di un reato di infedele dichiarazione all'interno dell'ordinario capitale circolante di un'azienda, ed esempio per pagare gli stipendi o acquistare macchinari.

Un nuovo mondo sta nascendo con la fine del segreto bancario[3]

Fatca è l'acronimo di *Foreign Account Tax Compliance Act,* una legge entrata in vigore negli Stati Uniti il 18 marzo 2010. Il nome della legge è di per sé auto-esplicativo: l'amministrazione statunitense ha l'obiettivo di rendere trasparenti e tracciabili le ricchezze finanziarie detenute all'estero da cittadini ed entità Usa, in modo da ridurre l'evasione fiscale correlata ai movimenti internazionali dei capitali. Gli Stati Uniti con l'approvazione di quella legge e le iniziative ad essa conseguenti – in particolare nei confronti delle banche svizzere – hanno aperto un fronte di grandissimo rilievo storico e politico: la lotta al segreto bancario.

A quattro anni e mezzo di distanza, possiamo affermare che quella battaglia sta per essere vinta e che il segreto bancario sta per essere superato nella maggior parte dei paesi del mondo, Svizzera compresa. Si tratta di un aspetto fondamentale in quella che viene comunemente chiamata "nuova regolazione internazionale della globalizzazione", e cioè il tentativo della comunità internazionale di dotarsi di istituti multilaterali che consentano la riduzione degli effetti negativi indotti dalla globalizzazione e dalla libertà di movimento dei capitali.

Infatti, mentre Fatca procedeva per la sua strada – con gli Usa impegnati a stipulare accordi con tutti i paesi, compreso quello con l'Italia, entrato in vigore a partire dal primo luglio 2014, garantendo fra l'altro reciprocità, e quindi scambio di informazioni non solo dall'Italia verso gli Usa ma anche dagli Usa verso l'Italia – gli stessi Stati Uniti, insieme ai cinque grandi paesi dell'Unione Europea (Germania, Francia, Italia, Regno Unito e Spagna), hanno ampliato l'iniziativa alle istituzioni multilaterali, a partire da G20, Global Forum e Ocse, con l'obiettivo di introdurre a livello globale uno standard di scambio di informazioni bancarie e finanziarie valido per tutte le giurisdizioni fiscali.

Questo standard ha visto la luce il 13 febbraio 2014 e si chiama Crs, *Common Reporting Standard.* Il modello nato per consentire a qualunque

[3] Intervento in aula in occasione della ratifica dell'accordo Fatca fra Italia e Stati Uniti. Montecitorio, 2 dicembre 2014.

paese di scambiare informazioni in automatico con gli Stati Uniti si è convertito così in un modello che permette a tutti i paesi aderenti di scambiare automaticamente informazioni fra di loro.

La firma dell'accordo multilaterale è avvenuta a Berlino, in occasione della riunione annuale plenaria del Global Forum, il 29 ottobre 2014. Il G20 di Brisbane, il 15-16 novembre 2014, ha adottato il CRS.

La Presidenza italiana del semestre europeo ha accelerato l'adozione del modello di scambio di informazioni fra i paesi dell'Unione, ottenendo il via libera in occasione della riunione Ecofin del 14 ottobre. Tutti i paesi europei sono impegnati ad adeguare le loro normative interne entro il 31 dicembre 2015 e ad applicare la nuova direttiva sullo scambio di informazioni a partire dal primo gennaio 2016 (la sola Austria ha chiesto e ottenuto un anno di tempo in più).

Insomma, sia pure con grande fatica e lentezza, la pressione dell'amministrazione Obama – alleata per l'occasione con i cinque grandi paesi europei, anche loro una volta tanto uniti e non divisi, come invece avviene purtroppo su altri terreni di discussione delle politiche economiche – sta facendo crollare il segreto bancario. A Berlino 51 paesi hanno sottoscritto l'accordo per avviare lo scambio di informazioni nel 2017, mentre altri 35 paesi lo avvieranno nel 2018.

Il 19 novembre il Crs è stato firmato dalla Svizzera, con l'impegno ad adottarlo dal 2018. E questa è una notizia importante per i tanti italiani che hanno collocato in Svizzera disponibilità finanziarie. Per offrire loro un percorso legale di emersione è in discussione al Senato la legge sulla *voluntary disclosure*, già approvata dalla Camera, che potrebbe essere la base di un accordo bilaterale fra il nostro paese e la Confederazione elvetica per anticipare l'entrata in vigore dello scambio di informazioni e favorire una transizione ordinata al nuovo regime.

Com'è noto, la globalizzazione comporta benefici ma anche costi. Lo sregolato e convulso sviluppo dei mercati finanziari è stata una delle cause della Grande Recessione. La fine del segreto bancario è un mattone importante, decisivo, di una nuova regolazione internazionale, non solo ai fini anti-evasione, ma anche per ridurre la concorrenza fiscale fra gli Stati e contrastare quei movimenti di capitale che tendono ad occultare la provenienza dei fondi. È stato fondamentale il ruolo esercitato dagli Stati Uniti di Obama. Ma altrettanto importante quello dei cinque grandi paesi europei, e in particolare dell'Italia sia prima che durante il semestre di Presidenza dell'Unione. Con buona pace per chi si ostina a non riconoscere i risultati importanti che l'Italia sta raggiungendo nelle sedi europee e internazionali.

Capitolo sesto

La crisi bancaria in Italia

Emergenza banche e interventi di sistema[1]

Quattro piccole banche territoriali italiane sono andate in crisi e rischiano di fallire sotto il peso di 9 miliardi di sofferenze, quasi il 40 per cento dei loro attivi. Il governo è intervenuto con un decreto di urgenza per minimizzare i danni, dentro le regole europee. Diciamo subito, partendo dalla fine, che l'intervento del governo è necessario ed efficace. Ma che l'entità raggiunta nel sistema bancario italiano dai crediti deteriorati (più di 200 miliardi), coda velenosa della crisi dell'economia reale, chiama in causa politiche di sistema e non solo di emergenza. Nella costruzione di queste politiche il riformismo italiano deve avere la forza di contrastare e sconfiggere posizioni di rendita e conservatorismi – ad esempio proseguendo il consolidamento industriale del settore bancario avviato con la riforma delle banche popolari – e le istituzioni europee devono avere la saggezza di affiancare l'Italia, evitando comportamenti miopi e inerzie burocratiche – ad esempio sbloccando finalmente le trattative in corso da un anno per un'azione di sistema che permetta di ridurre il peso delle sofferenze nei bilanci bancari.

Bastano pochi numeri a dimostrare l'utilità dell'intervento governativo. È vero che, per effetto delle regole che impediscono il salvataggio prima di aver fatto partecipare ai costi della crisi gli azionisti e gli obbligazionisti subordinati (cosiddetto *burden sharing*), alcune migliaia di risparmiatori vengono colpiti – e si dovrà mettere in campo ogni azione sensata e ragionevole per garantire loro giustizia, se ingannati, nelle sedi giudiziali e stragiudiziali, e comunque sostegno di tipo sociale se le perdite subìte dovessero

[1] L'Unità, 12 dicembre 2015.

determinare condizioni di particolare vulnerabilità. Ma è altrettanto vero che applicare il *bail in* sarebbe stato ancora più drammatico, con il rischio di colpire anche i depositi. Il salvataggio consente di non interrompere le funzioni essenziali dei quattro istituti e con ciò protegge gli interessi di un milione di correntisti e di 200 mila imprese il cui credito – cioè la sopravvivenza – è garantito da quelle banche, oltre che di 6 mila lavoratori. Si parla di più di 12 miliardi di depositi e più di 2 miliardi di obbligazioni ordinarie.

Le critiche che si sentono e leggono in questi giorni non stanno in piedi. I provvedimenti di Banca d'Italia – non del governo, che non ne ha la competenza – che hanno avviato la risoluzione sono opponibili nelle sedi giudiziali, come sta avvenendo nel caso di Spoleto, e lì si vedrà certamente che nessuna decisione è stata presa al buio o senza motivazioni. L'uso del Fondo di garanzia interbancaria avrebbe portato all'infrazione comunitaria, con ciò gettando incertezze su tutte le azioni successive – collocamento sul mercato delle nuove banche, cessione dei crediti deteriorati da parte della "banca cattiva". Bene ha fatto il governo a scegliere la strada della prudenza, sempre con la finalità di preservare attività e valore delle nuove banche liberate dalle sofferenze. Le responsabilità amministrative, e se del caso penali, dei vecchi gruppi dirigenti delle banche andate in crisi sono già in corso di accertamento e lo saranno anche in futuro se nuovi elementi venissero a galla. Per arrivare ad una conoscenza piena di quello che è successo nel sistema bancario del paese il Pd si è detto disponibile ad avviare il lavoro di una Commissione nella sede propria della democrazia repubblicana, il Parlamento.

Nulla da rimproverarci allora, come sistema paese? No. In prospettiva storica, c'è il rimpianto di non avere seguito la strada della Spagna nel 2012, con una ristrutturazione del sistema bancario aiutata da fondi europei (e anche italiani). Sempre fra 2012 e 2013, quando le regole dell'Unione bancaria furono negoziate, più attenzione e forza contrattuale andavano poste a difesa delle particolarità italiane (fattori di rischio speciali per le piccole imprese, elementi di gradualità nella transizione verso il nuovo sistema di risoluzione delle crisi, metodi di controllo interni delle banche). Sull'uso del Fondo di garanzia il conflitto è emerso adesso: sarebbe stato meglio alzare prima l'attenzione. Con molto ritardo poi si è proceduto a portare il trattamento tributario della svalutazione dei crediti bancari in linea con quello europeo e sono stati conferiti alla Banca d'Italia i nuovi poteri di rimozione degli amministratori delle banche mal gestite: per entrambe le norme si è dovuto aspettare luglio 2015. E la stessa Banca d'Italia ha qualcosa da rimproverarsi: poiché alla base del sistema bancario c'è la fiducia, per evitare che questa possa essere scossa dalle crisi è necessaria un'informazione pubblica più tempestiva e più completa. Ed è necessario un coordinamento più stretto e continuo fra le diverse istituzioni che, ciascuna per la sua competenza, svolgono i loro compiti in modo indipendente, ma che soltanto stando unite potranno difendere gli interessi del paese.

Riforma delle banche popolari: spunti per riflettere e valutare[2]

La riforma delle grandi banche popolari, contenuta nel decreto 3/2015 "banche e investimenti", ha suscitato una discussione pubblica su cui mi sembra utile fornire qualche elemento di valutazione. Premetto che, essendo relatore del provvedimento per conto della Commissione finanze di Montecitorio, ho volutamente assunto, nei giorni in cui la discussione si è sviluppata, un atteggiamento riservato, non volendomi esporre alla critica di essere aprioristicamente a favore di una delle tesi estreme che si contrappongono. Al tempo stesso ho approfondito la questione e l'ho studiata, sia nella letteratura scientifica che nella discussione politica degli ultimi anni, e ho raggiunto alcune conclusioni, che riporto in sintesi in questa nota a beneficio di chi sia interessato a qualche spunto di riflessone. Consiglio poi la lettura dell'audizione in Parlamento del Direttore Generale della Banca d'Italia, Salvatore Rossi, del 17 febbraio: un testo facile da leggere anche per i non addetti ai lavori e ricco di dati e valutazioni di fonte ufficiale.

Le questioni sono riassumibili in tre grandi temi: il primo riguarda l'effettiva natura delle banche popolari, e soprattutto di quelle di grandi dimensioni, in relazione al modello storico della banca cooperativa; il secondo riguarda il nuovo contesto dell'Unione bancaria europea e della Vigilanza unica, in relazione alla dinamica di deterioramento dei crediti bancari causato dalla perdurante crisi economica e in relazione poi alle possibili opzioni di consolidamento industriale del sistema bancario italiano; il terzo riguarda le modalità della riforma contenuta nel decreto proposto dal Governo Renzi.

La natura ibrida delle grandi banche popolari. Sul primo tema bisogna partire dalla consapevolezza che le grandi banche popolari (Bpop) italiane, cresciute ampiamente al di fuori dei loro territori di origine e identificate in

---

[2] www.marcocausi.it, 5 marzo 2015.

base alle norme del decreto con quelle (dieci) che hanno attivi superiori a otto miliardi di euro, presentano peculiarità rilevanti e non sono paragonabili alle banche cooperative, diffuse in tutto il mondo e rappresentate in Italia dalle banche di credito cooperativo (Bcc). Infatti:

1. distribuiscono dividendi con regole analoghe a quelle delle banche SpA, essendo vincolate dalla legge a destinare a riserva un minimo del 10 per cento degli utili. Per le Bcc questo limite è del 70 per cento. Inoltre le Bcc sono obbligate a devolvere una parte degli utili ai fondi mutualistici di comparto, obbligo che non esiste per le Bpop. Non esiste poi alcun obbligo normativo, per le Bpop, a destinare parte degli utili a beneficenza o assistenza: la norma dice soltanto che va a beneficenza la quota di utile non altrimenti distribuita, come avviene per qualsiasi SpA. Insomma le Bpop – a differenza delle Bcc – hanno una finalità lucrativa in tutto e per tutto analoga a quella delle Banche SpA;
2. possono quotarsi in borsa, diversamente dalle Bcc, perché possono assicurare agli investitori un flusso di rendimenti coerente con quelli attesi dai mercati dei capitali per investimenti di questa tipologia. Fra le prime 10 Bpop italiane, quelle interessate alla riforma, sette sono quotate. Insomma le Bpop, perlomeno quelle di grande dimensione, sono sostanzialmente capitalistiche;
3. si estendono su territori ben più vasti di quelli da cui hanno origine, con una presenza media di sportelli in 60 province per le prime dieci Bpop contro circa 70 per le prime undici banche italiane. Le due Bpop più grandi sono presenti in 83 province. Le Bcc invece hanno mantenuto la dimensione locale. Le esperienze di altri paesi – spesso citate – in cui esistono "grandissimi" gruppi di banche cooperative (come Rabobank o Crèdit Agricole) non sono paragonabili alle nostre Bpop, ma piuttosto a veri e propri gruppi in cui alla base della piramide stanno centinaia di piccole banche locali e all'apice una società capogruppo, quasi sempre in forma di SpA e spesso quotata, che accentra una lunga serie di servizi per le banche del gruppo, e principalmente l'accesso ai mercati dei capitali e la risoluzione delle situazioni di crisi interne al gruppo. In questa direzione si muove il processo di "autoriforma" delle Bcc italiane in corso di elaborazione con la partecipazione attiva e consensuale del comparto (come testimoniato da quanto Federcasse ha riferito nel corso della sua audizione in Parlamento). Il decreto, di conseguenza, non interviene sulle Bcc, così come non obbliga alla trasformazione in SpA le Bpop di piccole dimensioni;

4. la natura "ibrida" delle Bpop genera in conclusione un rapporto molto controverso tra forma cooperativa, scopo di lucro e mutualità. Questa natura "ibrida" è ben conosciuta in letteratura, e molto discussa da tanto tempo. Anche il vigente apparato legislativo italiano ne tiene conto, e infatti alle Bpop non è estesa la tutela dell'art. 45 della Costituzione, con i connessi benefici di tipo fiscale accordati alle organizzazioni cooperative di tipo propriamente mutualistico e/o solidaristico. Poiché sono organizzazioni lucrative e non rispondono a criteri mutualistici, in fin dei conti del "modello cooperativo" storico – diciamo di quello radicato nelle tradizioni di origine socialista o cattolico-sociale del XIX secolo – alle Bpop resta soltanto uno e un solo elemento: il voto capitario, con tutto ciò che ne consegue in termini di *governance*.

Lo scenario europeo, il deterioramento dei crediti e l'allarme delle autorità di vigilanza. Passando al secondo tema, le nuove istituzioni dell'Unione bancaria europea hanno cambiato radicalmente il quadro di riferimento regolatorio dei sistemi bancari nazionali. La vigilanza bancaria si esercita direttamente da parte della Bce per le banche "sistemiche", e sette delle prime dieci Bpop italiane lo sono. Il nuovo meccanismo di risoluzione delle crisi bancarie si esercita direttamente da parte della Bce non solo per le banche sistemiche ma anche per le altre (la Bce può, in caso di crisi di una banca non sistemica, delegarne la risoluzione all'autorità nazionale, ma può anche decidere di avocarla a sé).

Il nuovo "mantra" – può piacere o non piacere, ma è così, e non è possibile discuterne pregi e difetti in questa sede – è che gli istituti bancari abilitati alla concessione di crediti devono avere dotazioni patrimoniali adeguate ai rischi che assumono, ed essere in grado di aumentare velocemente il patrimonio quando si verifica un aumento della rischiosità.

Di fronte a questo quadro, le autorità di vigilanza preposte – per vari tipi di competenza – a monitorare l'industria bancaria italiana hanno tutte, e da tempo, lanciato l'allarme sul settore delle Bpop. Oltre alla Banca d'Italia, che propone questa riforma da molti anni, un parere ampiamente favorevole alla riforma è stato espresso dalla Consob e dall'Antitrust.

E qui si pone, a mio modo di vedere, un importante punto politico: a fronte dei ripetuti allarmi di tutte le autorità di vigilanza, Governo e Parlamento non possono non fare il loro dovere e ottemperare alle riforme richieste, pena il rischio politico di potere essere accusati, in futuro e di fronte a eventi critici, di essere rimasti inadempienti pur essendo stati ampiamente allertati. L'allarme – ben descritto nell'audizione di Salvatore Rossi – poggia sui seguenti dati di fatto:

1. la dinamica di deterioramento dei crediti è stata, a partire dall'inizio della crisi, più veloce nel settore delle BPop che negli altri settori dell'industria bancaria. Fra il 2008 e il 2013 la percentuale dei crediti deteriorati sul totale dei crediti è salita dal 3,3 per cento al 9,5 per cento nel settore delle Banche SpA, dal 3,5 al 12,7 per cento nelle Bpop (dati Mediobanca);
2. di conseguenza le esigenze di ricapitalizzazione sono più rilevanti per le Bpop, e lo saranno anche nel prossimo futuro. Ma i meccanismi di *governance* di questi istituti rendono più lenta e faticosa la provvista di nuovi capitali freschi, generando preoccupazione nelle autorità nazionali ed europee;
3. è vero che la maggior parte delle Bpop è finora riuscita a corrispondere alle nuove regole di vigilanza, ed è vero che non ci sono solo alcune Bpop in difficoltà ma anche alcune Banche in forma di SpA, ma resta valida la questione che le autorità di vigilanza pongono da anni alla politica: dato che le grandi Bpop di cooperativo hanno solo la *governance*, rimuovendo questo aspetto e facendole transitare pienamente nel modello SpA sarà più facile farle dotare della necessaria quantità di capitale, affinché possano continuare a erogare credito e mantenere la loro storica caratteristica di banche vocate al finanziamento delle imprese, soprattutto nelle aree più avanzate del paese;
4. non va escluso, poi, un processo di consolidamento che, attraverso alleanze fra le Bpop, possa contribuire alla costruzione di gruppi bancari di dimensione medio-grande, con un complessivo contributo positivo alla stabilità del sistema bancario nazionale. Il già citato Report della Commissione Europea che "promuove" la finanza pubblica italiana enuncia chiaramente che lo scambio flessibilità versus riforme è in corso in Italia e cita la riforma delle grandi Bpop come una delle più importanti, allo stesso livello di attenzione politica del Job's Act.

Flessibilità vs riforme: il Country Report 2015 della Commissione Europea sull'Italia e il giudizio sulla riforma delle banche popolari. Ecco cosa dice la Commissione Europea nel Country Report 2015 dedicato all'Italia:

> The reform of the governance of Italy's largest cooperative banks (banche popolari), recently adopted by the government, may kick-

> start a process of consolidation which could strengthen the banking sector's capacity to work out non-performing loans. In January 2015, the Italian government adopted a decree law requiring Italy's 10 largest cooperative banks (banche popolari) to abolish the so-called 'one-head-one-vote' principle and the 1% ceiling on the stake of individual shareholders and to transform themselves into joint-stock companies. Furthermore, the decree law relaxes the voting rules applicable to mergers and acquisitions and decisions on a change of legal form, while also relaxing rules on proxy votes. As such, the decree law addresses long-standing concerns regarding the vulnerability of Italy's largest banche popolari. In addition to improving effective oversight and shareholder control over the banks' management and making the banks more attractive to new investors, the reform – if not watered down in parliament – is expected to trigger consolidation within the market segment. This may in turn strengthen banks' impaired-loan work-out capacities, apart from creating scope for cost synergies (pag. 43.)

È chiarissimo dalla lettura di queste righe che la riforma delle grandi Bpop è considerata uno strumento importante per contribuire alla soluzione del problema determinato dall'aumento dei crediti deteriorati ("*non-performing loans*") e per innestare dinamiche di "consolidamento" del settore. I critici italiani della riforma hanno diffuso la paura che le Bpop possano diventare "prede", in realtà leggendo con attenzione le considerazioni della Commissione si capisce bene che alcune Bpop, liberate dai vincoli del voto capitario, potrebbero invece essere "predatori", nel senso di volano di attrazione di processi di aggregazione. Si noti l'inciso: la riforma può avere effetti importanti "*if not watered down in parliament*", se non annacquata in Parlamento.

Le critiche alla riforma e qualche considerazione personal-politica. Ai rilievi posti dalle autorità di vigilanza e all'opinione della Commissione Europea il fronte anti-riforma non ha finora replicato, a mio giudizio, con argomenti convincenti. L'associazione di categoria rappresentante le Bpop, Assopopolari, al contrario, ha reso in Parlamento un'audizione insoddisfacente e inadeguata (giudizio subito esternato durante l'audizione da me e dall'altro relatore, Luigi Taranto). I rappresentanti delle Bpop si sono limitati a esporre questioni e temi di tipo giuridico – in sostanza, elementi di diritto alla base di possibili futuri contenziosi nelle sedi giurisdizionali – ma si sono sostanzialmente sottratti al confronto di merito. In alcuni passaggi, anzi, hanno messo in dubbio in modo "globale" gli argomenti delle autorità di vigilanza, e la stessa competenza di Banca d'Italia.

In sostanza Assopopolari si è messa in una posizione che non può non creare imbarazzo e fastidio a chi, come chi scrive questa nota, si era reso disponibile fin dall'inizio per una possibile mediazione, dichiarando pubblicamente, nel momento dell'incardinamento dell'esame parlamentare del decreto, la necessità di riflettere su elementi correttivi, soprattutto per limitare il rischio di una facile scalabilità delle nuove SpA. Ma soprattutto la posizione di Assopopolari, e di molti critici della riforma, strizza l'occhio a una cultura localistica, refrattaria alla regolazione, anti-europea la quale, sempre a parere di chi scrive questa nota, non è accettabile neppure come terreno di discussione: l'idea insomma che saremmo di fronte a una sorta di congiura giudaico-massonica del capitalismo internazionale guidato da Fmi, Bce e governo Merkel contro l'Italia, che la Banca d'Italia accetta supinamente e/o per inettitudine e che il Governo italiano subisce perché non vuole o non è in grado di "battere i pugni" sui tavoli europei e internazionali.

Con questi argomenti e questi toni Assopopolari ha generato giubilo nel M5S e nella Lega. Per quanto mi riguarda, se sono questi gli alleati che vogliono se li tengano pure.

In questi giorni, seguendo quotidianamente il dibattito e facendone parte, sia pur riservatamente, per il mio ruolo di relatore sul decreto, ho maturato l'impressione che questo mondo è stato per troppo tempo in grado di esercitare influenze, sulla politica e sulla stessa gestione delle banche (si vedano in proposito su Repubblica del 4 marzo a pag. 30 le notizie dell'inchiesta in corso su UBI in riferimento alle modalità con cui vengono gestite e distorte le assemblee dei soci di queste supposte "cooperative"), le quali nella sostanza confermano il ragionamento della Banca d'Italia su una *governance* non solo inefficiente ma soprattutto non più adeguata al nuovo mondo dell'Unione bancaria europea. Direi di più: al nuovo mondo in cui l'Italia esce dalla crisi e si confronta a testa alta con le sfide del XXI secolo.

La riforma. Le valutazioni della Commissione Europea sull'Italia poco sopra riportate fanno chiaramente comprendere dove poggiano le motivazioni di necessità e di urgenza che hanno fatto scegliere al Governo la strada del decreto legge: si tratta di una delle riforme di sistema in cambio della quale otteniamo flessibilità e, soprattutto, recupero di credibilità nelle capacità riformiste dell'esecutivo e della maggioranza che lo sostiene.

Si tratta di una riforma ci cui si discute da decenni, fin dagli anni '80, quando le Bpop iniziarono a promettere un'"autoriforma" mai realizzata.

Il percorso scelto, peraltro, è abbastanza *soft*: saranno le stesse assemblee delle grandi Bpop a deliberare la trasformazione, con un periodo di 18 mesi di tempo per l'attuazione. Per le Bpop che non sono obbligate a trasformarsi in SpA i nuovi statuti potranno contenere norme – oggi non applicabili – che rendono più facile, anche in quel caso, la ricerca di nuovi capitali. Le Bcc invece restano fuori dal provvedimento, in attesa che – in modo sperabilmente condiviso – sia completato un processo di valutazione interna al comparto su un'"autoriforma" che porti alla costituzione di gruppi e aggregazioni sul modello francese o tedesco.

Il dibattito di merito si è concentrato su tre temi: (a) la soglia di 8 miliardi di attivo che individua gli istituti a cui si applica l'obbligo della trasformazione, che alcuni ritengono – al traino dei pareri dei consulenti legali di Assopopolari – viziata da possibile incostituzionalità; (b) la possibile "scalabilità" delle nuove SpA da parte di grandi gruppi bancari europei; (c) il paventato "abbandono dei territori", soprattutto per quanto riguarda il flusso di erogazioni liberali che storicamente il sistema delle Bpop ha fatto affluire a vantaggio dei territori di origine (con risorse pari in media al 5 per cento degli utili).

In realtà, questi punti non individuano problemi che hanno uguale criticità:

1. è altamente improbabile che la soglia di 8 miliardi possa portare all'incostituzionalità, e questo è un parere che abbiamo raccolto da numerose fonti, anche di grande autorevolezza. Anche l'Unione Europea, per definire quali banche sono sistemiche e quali no, ha adottato una soglia sul totale degli attivi. Soglie quantitative sono ampiamente usate nella legislazione nazionale ed europea per graduare e proporzionare alla dimensione gli interventi di regolazione;
2. la trasformazione in SpA incentiverà un processo di aggregazione che diventerà di per sé la migliore difesa da possibili scalate ostili, mentre se le scalate non dovessero essere ostili, e cioè portare a piani industriali di rafforzamento e di consolidamento condivisi, comunque soggetti alla valutazione della Banca d'Italia, non sarebbero certo un elemento di preoccupazione;
3. in ogni caso, una volta diventate SpA le nuove banche, per ridurre la loro potenziale contendibilità e/o per "premiare" l'azionariato diffuso (e cioè per preservare un modello di *public company*), avranno a disposizione

gli strumenti dell'art. 2351 del codice civile da attivare negli statuti, sempre previa autorizzazione della Banca d'Italia (limite all'esercizio del diritto di voto, *loyalty share*, voto plurimo, ecc.);
4. alle SpA non è impedito fare erogazioni liberali, e le banche trasformate potranno provvedere a questo obiettivo anche in assenza di una specifica previsione di legge, così come fanno tantissime SpA nel settore bancario e al di fuori di esso.

A ben pensarci, l'unico punto che ha una significativa criticità è quello riguardante il processo di transizione: da un lato, chi e quando delibererà sui nuovi statuti; dall'altro, come evitare scalate ostili nella fase in cui i processi di aggregazione industriale siano ancora in divenire. Su questi due punti sono intervenute le modifiche apportate in Parlamento al decreto:
1. la prima stabilisce che i nuovi statuti potranno essere deliberati dalla stessa assemblea dei soci che delibera la trasformazione. Questo accelera il processo di attuazione della riforma, e allo stesso tempo permette ai soci storici (con voto capitario) di incidere in via diretta sulle caratteristiche della nuova SpA, entro ovviamente i termini di legge;
2. la seconda consente di introdurre negli statuti una clausola "anti-scalata" che limita al 5 per cento l'esercizio del diritto di voto per 24 mesi.

In nessun modo si possono considerare queste modifiche come "annacquamento" della riforma: la trasformazione in SpA delle dieci grandi Bpop e l'abbandono del voto capitario, da fare entro 18 mesi, restano intatti come obiettivo.

Il limite all'esercizio dei diritti di voto serve a disincentivare scalate ostili alle nuove SpA, almeno nel periodo transitorio del loro consolidamento in seguito alla trasformazione. In Unicredit un limite siffatto esiste ed è pari proprio al 5 per cento. Poiché gli statuti delle banche sono soggetti ad autorizzazione della Banca d'Italia, nel corso del tempo, quando scadranno i 24 mesi previsti dalla legge, sarà cura della stessa Banca d'Italia valutare, insieme al management delle imprese bancarie coinvolte, se adottare o meno, o in quale misura adottare e con quale cadenza temporale, i diversi meccanismi previsti dall'art. 2351 del codice civile.

La riforma dell'assetto proprietario di Banca d'Italia[3]

Chi possiede Banca d'Italia? La Banca d'Italia non è mai stata statale, ma proprietà degli istituti bancari e assicurativi. Storicamente la Banca nasce da un processo di federazione delle Banche pre-unitarie, con un modello analogo a quello della Federal Reserve americana. La legge del 1936, pur fatta durante il fascismo, ha scelto di non assoggettare la Banca d'Italia al Governo, ma di lasciarla a debita distanza dalle ingerenze della politica. La riforma approvata dal Parlamento mantiene quella scelta.

Qual è oggi la compagine azionaria? Con le privatizzazioni bancarie degli anni '90 e il successivo processo di concentrazione bancaria si è realizzato un processo di concentrazione anche delle azioni di Banca d'Italia. Oggi più del 50 per cento è in mano a Intesa San Paolo e Unicredit.

C'è quindi il pericolo che i controllati (le banche) controllino il controllore (la Banca d'Italia esercita la vigilanza sui mercati del credito e delle assicurazioni)? No, perché la Banca d'Italia è e resta un Istituto di diritto pubblico e i soci proprietari delle azioni non hanno alcun potere sulla *governance* dell'istituto e sulla gestione delle attività istituzionali della Banca. Tuttavia l'attuale assetto proprietario non è soddisfacente, e lascia a molti la possibilità di pensare che i grandi gruppi bancari possano esercitare qualche influenza sulle decisioni della Banca centrale, che deve invece restare indipendente.

Cosa succede con la riforma? Nessuno potrà possedere più del 3 per cento delle azioni di Banca d'Italia. Gli azionisti che oggi ne possiedono di più dovranno vendere. Potranno comprare, oltre a banche e assicurazioni, anche le Fondazioni ex bancarie e i fondi pensione, con la limitazione che deve trattarsi di società aventi sede legale in Italia.

Perché si è scelto il modello "proprietà diffusa" invece di statalizzare la Banca d'Italia? Qui ci sono opinioni diverse, trasversali agli schieramenti politici. Tremonti, nel 2005, aveva scritto una norma per la statalizzazione, oggi sostenuta dai 5 stelle e da Sel, ma anche da Forza Italia e da alcuni esponenti del PD. Naturalmente, se fosse lo Stato a comprare le

---

[3] www.marcocausi.it, 1 febbraio 2014.

azioni oggi in mano alle banche, ci vorrebbe una copertura finanziaria di svariati miliardi, da togliere ad altre voci di spesa pubblica o da ottenere con un aumento delle tasse. Chi è contrario alla statalizzazione, comunque, usa anche un argomento storico-politico: meglio avere una Banca d'Italia in posizione di servizio istituzionale rispetto allo Stato piuttosto che in posizione di comando gerarchico da parte del Governo pro tempore.

A quanto ammonta, prima della riforma, il capitale della Banca d'Italia? A 156 mila euro, la cifra stabilita nel 1936 e mai aggiornata.

Che diritti hanno, prima della riforma, gli azionisti che possiedono quel capitale? Lo statuto del '36 prevedeva la distribuzione di utili agli azionisti nella misura massima del 4 per cento delle riserve della Banca. Si tratta di una regola molto favorevole agli azionisti, e infatti quel valore massimo non è mai stato raggiunto. Le riserve di Banca d'Italia ammontano a circa 15 miliardi, il 4 per cento varrebbe 600 milioni, mentre l'ultimo dividendo distribuito è di 70 milioni. Come rendimento sul capitale investito, però, non c'è male: 70 milioni di dividendo su 156 mila euro equivale a un tasso di rendimento superiore al quattromila per cento!

Il punto è, ovviamente, che bisogna rivalutare il capitale originario stabilito nel 1936 e separare il calcolo dei dividendi dalle riserve – poiché in queste ultime sono compresi anche i frutti delle attività pubbliche e istituzionali di Banca d'Italia, i quali non possono essere distribuiti ai soci ma invece accumulati nelle riserve della Banca e retrocessi in parte allo Stato (l'ultimo dividendo attribuito allo Stato, sul bilancio 2012, è stato di un miliardo e mezzo).

Come procedere alla rivalutazione? Finora è mancato un criterio omogeneo. Alcune banche azioniste, nei loro conti patrimoniali, non lo hanno rivalutato, altre lo hanno fatto usando criteri diversi. In qualche caso, per effetto della norma statutaria che lega i dividendi alle riserve nella misura massima del 4 per cento, la rivalutazione è stata abbondante e si potrebbe da parte dell'azionista – teoricamente – accampare pretese legali sugli utili non distribuiti negli ultimi decenni. Merito della riforma è di stabilire un criterio oggettivo e uniforme per effettuare la rivalutazione.

Qual è la regola per la rivalutazione? La nuova regola è che agli azionisti verrà riconosciuto un rendimento non superiore al 6 per cento del capitale investito (non più, quindi, delle riserve). Il valore del capitale viene portato a 7,5 miliardi. Quindi, il massimo dei dividendi attribuibili in futuro è di 450 milioni, una cifra inferiore al massimo oggi raggiungibile. Anche se, in tutti e due i casi, si tratta di valori puramente teorici, perché lo Statuto continua a conferire alla Banca, come in passato, piena discrezionalità nella decisione sugli utili da distribuire. Dato che la Banca d'Italia è un investimento privo di rischio, è altamente probabile che il tasso di rendimento accettabile dal mercato sia molto inferiore al 6 per cento.

Qual è il beneficio "di sistema" di questa operazione? Finora le azioni di Banca d'Italia non potevano far parte del capitale di vigilanza dei soggetti che le possedevano, appunto perché non stavano sul mercato e non c'era un criterio univoco di valutazione. Grazie alla riforma, potranno essere inserite nel capitale di vigilanza.

E allora? C'entrano forse Basilea 3 e i nuovi criteri prudenziali dell'Unione bancaria? Sì. Le banche sono limitate, nel credito che possono erogare, dalla quantità del loro patrimonio. I requisiti di patrimonializzazione richiesti alle banche sono aumentati dopo la crisi del 2008-2009. Si è ritenuto che una delle cause della crisi risieda nel fatto che le banche siano state poco attente a valutare i loro impegni. Tutti gli organismi internazionali, e per ultima l'Unione Europea, hanno introdotto metodi più stringenti di valutazione dei rischi e requisiti patrimoniali più elevati. E questo è, insieme alla crisi dell'economia reale, una delle cause del *credit crunch*, e cioè della restrizione del credito bancario di cui soffrono, in Italia, soprattutto le imprese piccole e medie.

Quindi i 7,5 miliardi derivanti dalla rivalutazione rafforzano il patrimonio del sistema bancario? Sì. E si ottiene questo risultato senza spendere neanche un euro del bilancio pubblico. I proprietari delle azioni rivalutate le venderanno sul mercato per scendere al 3 per cento: i soldi che andranno alle banche verranno dal mercato, non dallo Stato. In Germania invece, finora, lo Stato ha dovuto sborsare ben 64 miliardi di euro di spesa pubblica per ricapitalizzare le banche tedesche – molte delle quali hanno avuto rilevanti difficoltà, soprattutto nel comparto delle banche regionali. Il Regno Unito ne ha spesi 82, la Francia 25, la Spagna 64. L'Italia solo 6, destinati peraltro a emissioni obbligazionarie che verranno restituite all'erario e non a contributi a fondo perduto.

Ma questa operazione è permessa dalle regole europee? In effetti si tratta di un'operazione un po' *borderline*: si ottiene un beneficio di sistema rivalutando carta che oggi non sta sul mercato (le azioni della Banca centrale). Per questo motivo la Bundesbank ha storto il naso e sono uscite in Germania opinioni contrarie – della serie "la creatività italiana ne combina un'altra delle sue". La Banca centrale europea, però, ha dato il via libera all'operazione, anche se ha lamentato i tempi troppo stretti intercorsi fra la richiesta del suo parere da parte del Governo italiano e la successiva emanazione del decreto. Insomma, si tratta di un caso in cui l'Italia è riuscita a ottenere dall'Europa un'interpretazione delle regole a lei favorevole. Certo, il parere della Bce è molto deciso nel prescrivere che le riserve andranno ricostituite con adeguati accantonamenti negli anni futuri e che la Banca d'Italia deve mantenere una piena autonomia di finanziamento.

Perché le riserve della Banca d'Italia sono così alte? Innanzitutto, sia chiaro che l'operazione in corso non concerne le riserve in oro (100 miliardi), né quelle speciali (circa 8 miliardi) ma solo quelle ordinarie e straordinarie (circa 15 miliardi). In effetti l'ammontare complessivo delle riserve della Banca d'Italia è il terzo al mondo, dopo Stati Uniti e Germania e il secondo in Europa. Storicamente derivano da un atteggiamento prudenziale dell'Italia – esistente da sempre, ben prima che fossero fissate le regole dell'Unione Economica e Monetaria. In passato la motivazione era di avere sufficienti munizioni per difendere il cambio della lira. Dopo la crescita del debito pubblico italiano durante gli anni Ottanta del passato secolo, le riserve sono diventate l'ultimo baluardo di garanzia sulla sostenibilità del debito.

Le riserve della Banca d'Italia potrebbero essere usate per altri scopi, ad esempio per finanziare investimenti pubblici o altre forme di spesa pubblica? No, assolutamente no. Non si tratta di un "tesoretto" a cui liberamente attingere, ma appunto di un attivo che garantisce l'intero paese all'interno dell'Unione Economica e Monetaria. In passato, anche Romano Prodi tentò di strappare un margine di flessibilità per smobilizzare una quota delle riserve e utilizzarla per politiche di sviluppo, ma non riuscì a ottenere l'assenso delle autorità europee. Oggi, dopo la crisi finanziaria e con l'Italia soggetta alla crisi del suo debito pubblico, è impensabile anche solo ipotizzarlo. In realtà, le riserve non vengono spese neppure con l'operazione effettuata dal decreto 133, perché esse cambiano semplicemente collocazione all'interno dello stato patrimoniale della Banca d'Italia, spostando 7,5 miliardi da riserve a capitale sociale. Abbiamo però ottenuto il massimo possibile nelle condizioni date: utilizzarle come volano per il rafforzamento del patrimonio del sistema finanziario (bancario e assicurativo) italiano, con effetti indirettamente positivi sulla crescita tramite riduzione delle restrizioni sul credito.

Perché la riforma di Banca d'Italia è stata legata all'Imu? Perché la copertura finanziaria per l'abolizione della rata Imu prima casa di dicembre è stata messa a carico del settore creditizio, finanziario e assicurativo, nonché della stessa Banca d'Italia, con l'aumento degli acconti Ires e Irap e con un'addizionale straordinaria alle aliquote Ires, per un totale di 2,163 miliardi nel 2013 e 1,5 nel 2014. Mentre, da un lato, si chiede questo sforzo al settore, dall'altro gli si concede il beneficio indirettamente derivante dalla rivalutazione delle azioni della Banca centrale. Dalla rivalutazione emergerà un introito fiscale aggiuntivo di circa un miliardo per il bilancio dello Stato. Questo introito, però, non è stato ancora quantificato né inserito nei quadri di finanza pubblica.

È vero che l'imposizione sulle plusvalenze derivanti dalla rivalutazione è agevolata? Solo in parte. Si è stabilita un'imposta del 12 per cento. Per alcuni soggetti questa imposta è meno favorevole – potendosi tali soggetti avvalere della *partecipation exemption* (pex), che costerebbe molto meno (circa il 2 per cento). Per altri soggetti, che non potrebbero avvalersi della "pex", invece il 12 per cento è meno di quanto si dovrebbe pagare con il regime ordinario Ires. Nel complesso, tuttavia, il gettito che deriverà dal 12 per cento è superiore a quello che sarebbe emerso mantenendo per ciascun soggetto la legislazione ordinaria vigente.

Insomma: ma allora va tutto bene in questo decreto 133? No, il Partito Democratico ha criticato numerosi aspetti del decreto, sia nel metodo sia nel merito. Per quanto riguarda il metodo, una riforma così importante avrebbe dovuto essere fatta per legge e non per decreto. Bisogna capire però l'origine di questo errore da parte del Governo: l'origine sta nell'affannosa ricerca delle coperture finanziarie per l'abrogazione dell'Imu prima casa, una misura che ci è costata ben 4,5 miliardi nel 2013, senza distinguere fra chi avrebbe potuto tranquillamente continuare a pagare l'Imu sull'abitazione di residenza e chi invece aveva il diritto ad essere esentato – in base al valore della sua abitazione ovvero del suo reddito. Altri punti critici, di merito, riguardano la fase transitoria.

Cosa succede nella fase transitoria? Per tre anni gli attuali proprietari delle azioni potranno venderle alla stessa Banca d'Italia. Nulla da eccepire sulla possibilità che la Banca d'Italia eserciti un'accorta regia nella riallocazione delle sue stesse azioni. Ma così la Banca si prende qualche rischio – se dovesse, ad esempio, acquistare a un prezzo superiore a quello di vendita. Il rischio è di tipo patrimoniale per la banca, ma anche di tipo politico per il paese, poiché se la Banca dovesse acquistare i suoi titoli dagli attuali proprietari a un prezzo "troppo alto", si potrebbe configurare un aiuto di Stato vietato dalle regole europee. I paletti contenuti nella legge, nel parere della Bce e in alcuni ordini del giorno accolti dal Governo in aula dovrebbero ridurre questi rischi.

Capitolo settimo

Il bilancio pubblico

Pagamento dei debiti commerciali della pubblica amministrazione e mini *golden rule*[1]

Per la prima volta da quando è in vigore la nuova legge di contabilità e finanza pubblica, riformata fra il 2009 e il 2010, il Governo si avvale di una norma che non aveva mai utilizzato. Si modificano gli obiettivi di finanza pubblica al di fuori delle sedi in cui essi vengono stabiliti o corretti, ovvero nel Documento di economia e finanza in aprile e nella nota di aggiornamento in settembre. La legge prevede tale possibilità qualora il Governo intenda "effettuare interventi correttivi in presenza di scostamenti rilevanti degli andamenti di finanza pubblica".

Il richiamo scelto dal Governo aiuta a rendere chiarissimi i fatti che abbiamo di fronte: da un lato, un peggioramento dei saldi di finanza pubblica non corretti per il ciclo, frutto di un aggravamento della recessione italiana a partire dall'ultimo trimestre 2012; dall'altro lato, l'urgenza di mettere in campo interventi correttivi di sostegno all'economia, anche grazie a nuovi varchi che si sono recentemente aperti in ambito europeo.

I varchi riguardano un programma straordinario di pagamento dei debiti commerciali della pubblica amministrazione, che consente l'immissione di liquidità, a carico della finanza sovrana della Repubblica, a vantaggio del sistema delle imprese e delle più generali condizioni finanziarie del paese, riducendo il grado di razionamento del credito. E poi quella che potremmo chiamare una "mini" *golden rule*, che consentirà nel corso del

[1] Relazione all'aula sulla Relazione presentata dal Governo in conformità all'articolo 10 bis, comma 6, della legge di contabilità e finanza pubblica. Montecitorio, 2 aprile 2013.

2013 di scomputare alcune spese pubbliche di investimento dai parametri finanziari rilevanti nel processo europeo di coordinamento dei bilanci pubblici nazionali.

Il Governo chiede al Parlamento, con l'approvazione in aula di un'apposita Relazione, di prendere atto della modifica dei quadri di finanza pubblica per procedere al varo degli interventi correttivi. Si tratta perciò di una Relazione che fa da quadro di riferimento per futuri provvedimenti, all'interno dei quali si potrà entrare nei dettagli tecnici e operativi coinvolti. In questa fase il Parlamento è chiamato a discutere di linee generali, da un lato sulla situazione macroeconomica e di finanza pubblica – una discussione che di fatto apre quella relativa al nuovo Def, che va predisposto, ormai, entro i prossimi otto giorni – e dall'altro lato sugli indirizzi politici per un imminente decreto di sblocco dei pagamenti pubblici.

La legge non prevede che il Parlamento debba approvare la Relazione del Governo, che è considerata alla stregua di un obbligo informativo, preventivo rispetto all'uso della decretazione d'urgenza in materie con riflessi finanziari. Non è quindi senza significato il fatto che siamo qui, oggi, a discutere di questa Relazione. Il Governo che chiede di emanare un decreto d'urgenza è in carica per l'ordinaria amministrazione e ha bisogno di un'esplicita autorizzazione per proporre un provvedimento il quale, anche se passerà comunque per le aule del Parlamento, ha una natura non ordinaria. Nella richiesta che alcuni giorni fa il Governo ha fatto, opportunamente, di sottoporre al voto delle aule di Camera e Senato questa Relazione, si evidenziava già il profilo di quella soluzione istituzionale transitoria che rappresenta uno degli elementi delle decisioni assunte sabato 30 marzo dal Presidente della Repubblica.

La Relazione è stata esaminata dalla Commissione speciale istituita dalla Camera dei Deputati per l'esame degli atti del Governo. L'attenzione della Commissione si è concentrata sia sul nuovo, e peggiorato, quadro macroeconomico e macrofinanziario, sia sull'intervento in materia di pagamenti pubblici. Molte domande sono state sollevate, da parte di tutti i gruppi politici rappresentati in Commissione, su entrambe le questioni, e voglio dare atto al Governo che molte e puntuali risposte sono state fornite dai Ministri Grilli e Moavero nel corso dei lavori. La Commissione si è avvalsa di due contributi: un'audizione dell'Istat, focalizzata sul versante del deterioramento macroeconomico, e una della Banca d'Italia, focalizzata sull'entità dei crediti vantati dal sistema delle imprese italiane nei confronti della pubblica amministrazione e sull'impatto dell'abbattimento di questo stock.

Il peggioramento dell'economia italiana lungo il 2012. Il peggioramento dell'economia italiana – molto brusco nell'ultimo trimestre del 2012, -0,9 per cento sul trimestre precedente – porta a rivedere al ribasso la previsione di crescita per il 2013, che passa da -0,2 a -1,3 per cento. In Commissione il Ministro dell'economia ha chiarito che, in assenza dell'intervento di sblocco dei pagamenti, la stima del Governo sul Pil 2013 sarebbe peggiore, pari a -1,5 per cento. L'impatto della misura, tuttavia, sarebbe ancora più rilevante nel 2014, dove la previsione a politiche invariate scende dal +1,1 per cento a +0,6 per cento, ma risale al +1,3 per cento grazie agli interventi correttivi proposti. Alcuni commissari hanno avanzato dubbi sulla robustezza di queste valutazioni, anche richiamandosi a dati più pessimistici elaborati da istituzioni indipendenti e internazionali sia per l'anno in corso che per il 2014. La Banca d'Italia ha tuttavia stimato che la difficoltà di accesso al credito da parte delle imprese avrebbe contribuito ad abbattere il prodotto nel 2012 per circa 0,6 punti percentuali.

La Relazione non riporta i saldi strutturali, quelli cioè corretti per il ciclo e le una tantum, che sono rilevanti per il rispetto degli obiettivi di medio termine. In Commissione il Ministro dell'economia ha ribadito che il programma straordinario di pagamenti pubblici ha natura una tantum, è perciò escluso dal computo, che i saldi al netto del ciclo si mantengono a distanza di sicurezza rispetto agli obiettivi e, per indebitamento netto e avanzo primario, che l'Italia si mantiene su valori inferiori alle medie europee. La Relazione fornisce una nuova stima dell'indebitamento netto non corretto, che peggiora fino al 3 per cento nel 2012, al 2,4 per cento nel 2013 (-0,6 al confronto con le previsioni vigenti) e all'1,8 per cento nel 2014 (-0,3).

Il peggioramento deriva da due spinte contrapposte: un forte declino delle entrate fiscali, conseguenza della recessione, valutato in ben 15,7 miliardi in meno nel 2013, in parte bilanciato da una riduzione della spesa per interessi, conseguenza della riduzione dei tassi, valutata in 5,3 miliardi.

Si tratta di due punti di grande rilievo, su cui sollecito l'attenzione dell'aula. L'entità della contrazione delle entrate sembra segnalare anche in Italia che l'impatto delle restrizioni di bilancio sull'economia e, attraverso essa, di nuovo sul bilancio – quello che in gergo tecnico è chiamato il "moltiplicatore fiscale" – è stato sottovalutato nei programmi di stabilizzazione messi in opera negli ultimi anni, soprattutto nei paesi europei colpiti da crisi bancarie e da crisi del debito sovrano. Si tratta di un tema che sarà importante approfondire nel prossimo Def.

Sul versante della spesa per interessi, il Ministro dell'economia ha chiarito in Commissione che i risparmi nel 2013 derivano dalla riduzione dell'attuale curva *forward* dei tassi sui titoli pubblici italiani al confronto con quella di un anno fa, quando il Def fu predisposto, e dall'aumento, già preso in considerazione, conseguente all'emissione di nuovo debito pubblico per il finanziamento del programma straordinario dei pagamenti. Ne segue, e si tratta di un punto cruciale per la nostra riflessione, che se i tassi d'interesse sul debito pubblico italiano dovessero tornare a crescere, non solo l'emissione di nuovo debito pubblico per i pagamenti alle imprese verrà a costare di più, ma soprattutto rischieremmo di vanificare i risparmi ottenuti con la riduzione dello *spread*, quei risparmi che oggi, per mezzo di questa Relazione, stiamo di fatto utilizzando.

Allo stato non emergono segnali di un'inversione della tendenza recessiva, la fase ciclica in Italia resta ancora molto debole nei mesi iniziali del 2013 e non si registra un punto di svolta, in particolare sul versante della domanda interna, mentre la domanda estera continua a fornire un contributo positivo. Tale scenario è stato confermato dall'Istat, che ha rilevato un ulteriore deterioramento del grado di fiducia delle famiglie nell'unica rilevazione ad oggi effettuata dopo le elezioni politiche, oltre che il rischio di drammatica distruzione di capitale umano nelle generazioni più giovani.

Accelerazione straordinaria dei pagamenti arretrati delle pubbliche amministrazioni. Gli scostamenti dagli obiettivi programmatici stabiliti nello scorso settembre sono, insomma, importanti. Di interventi correttivi, ergo, c'è urgente bisogno. Il Governo, cogliendo un'apertura europea già manifestatasi nel caso della Spagna, propone una terapia d'urto sui pagamenti arretrati della pubblica amministrazione. Una questione che coinvolge il 25 per cento delle imprese italiane, che consente immissione di liquidità nel sistema, che migliora la struttura economica e finanziaria delle imprese e, in molti casi, ne evita il ridimensionamento o la chiusura.

Interessate all'intervento sono le amministrazioni centrali, gli enti territoriali e quelli del Servizio sanitario nazionale, per importi pari a circa 20 miliardi di euro nella seconda parte del 2013 e a ulteriori 20 miliardi nel corso del 2014. Il Ministro dell'economia ha indicato che il riparto del programma straordinario prevede circa 19 miliardi a beneficio dei Comuni (di cui 7 per investimenti, distribuiti in 12 miliardi per il 2013 e 7 per il 2014), 14 miliardi per la sanità (5 nel 2013 e 9 nel 2014), 7 miliardi per lo Stato (3,5 in ciascun anno).

È una quota consistente del totale dei debiti commerciali delle pubbliche amministrazioni, stimati da Banca d'Italia in 91 miliardi, di cui 11 ceduti pro soluto a intermediari finanziari. Va peraltro rilevato che una quota importante, circa un terzo secondo l'opinione di Banca d'Italia, dei pagamenti arretrati costituisce debito commerciale fisiologico. Il Ministro dell'economia ha affermato in Commissione che, se il programma straordinario dovesse mostrare efficacia, si potranno in futuro mettere in cantiere ulteriori tranches. Banca d'Italia ha sottolineato l'impatto positivo della misura non solo sul piano congiunturale, ma anche su quello strutturale, poiché fornisce maggiore trasparenza ai bilanci pubblici e maggiore certezza, in prospettiva, sul ripristino di un normale circuito dei pagamenti, oggi tra l'altro regolato da nuove regole comunitarie recepite dall'Italia.

La Commissione invita l'Assemblea a valutare l'opportunità di fornire al Governo una serie di indirizzi per la predisposizione del decreto di attuazione: evitare il rimando a ulteriori fonti normative secondarie; privilegiare la semplicità e l'automatismo delle procedure; privilegiare fra i beneficiari del programma straordinario le amministrazioni i cui debiti commerciali non derivino da procedure poco trasparenti di bilancio (ad esempio, da un eccesso di debiti fuori bilancio, ovvero di contenziosi con i fornitori); monitorare il rispetto degli adempimenti da parte delle amministrazioni beneficiarie; costruire soluzioni che tengano conto delle differenti situazioni che convivono nell'universo delle amministrazioni pubbliche italiane, con particolare riguardo a quelle già in possesso di risorse bloccate, nel corso degli anni, dal patto di stabilità interno; informare, sulla base dei dati disponibili, in merito alla consistenza dei pagamenti arretrati, alla loro suddivisione fra i diversi comparti e fra spese correnti e per investimento, all'efficacia delle procedure di certificazione avviate nel recente passato; utilizzare la leva del programma straordinario per dare una forte accelerazione al processo, già in atto ma molto, troppo, lento, di armonizzazione delle procedure di bilancio e dei sistemi informativi delle diverse pubbliche amministrazioni italiane, anche finalizzato a fornire nuove e definitive stime del debito "nascosto". Per quanto riguarda il rapporto fra imprese e sistema creditizio, la Commissione, attraverso gli interventi di tutti i gruppi politici, consiglia all'Assemblea un forte indirizzo al Governo affinché, in sede di attuazione del decreto, siano individuate le forme convenzionali e di monitoraggio in grado di garantire che l'afflusso di nuova liquidità sia interamente destinato al sostegno dell'economia reale e delle imprese. Il Ministro dell'economia ha dichiarato che il flusso dei pagamenti potrà essere graduato accordando priorità a quelli che le imprese non hanno ancora ceduto pro soluto al sistema creditizio.

Il riflesso contabile dell'intervento non ha interesse solo tecnico, ma anche politico. Il conto economico delle amministrazioni pubbliche su cui si basano i parametri di stabilità dei bilanci in sede europea è costruito considerando le spese correnti in termini di competenza e le spese di investimento in termini di cassa. Ne segue che i pagamenti arretrati di spese correnti sono già stati contabilizzati – a meno che non siano fuori bilancio, e cioè davvero "nascosti" – e la loro liquidazione non ha impatti sull'indebitamento netto, ovvero sulla misura europea del deficit pubblico. Questi pagamenti hanno impatti sul debito, sul fabbisogno, sul saldo netto da finanziare del bilancio dello Stato, ma non sull'indebitamento, che rappresenta il parametro fondamentale per le procedure di disavanzo eccessivo e per gli obiettivi a medio termine stabiliti dai trattati. Al contrario, i pagamenti arretrati per spese di investimento determinano un peggioramento dell'indebitamento netto. Nella proposta del Governo si tratta di 7,8 miliardi, pari a 0,5 punti di Pil concentrati nel solo 2013, con l'effetto di portare la stima di indebitamento netto per l'anno in corso da -2,4 per cento del Pil a -2,9 per cento.

Una golden rule in formato mini. Una piccola quota del margine di peggioramento, pari a 800 milioni, è destinata al finanziamento dei nuovi investimenti produttivi che potranno essere scomputati dai parametri rilevanti per l'equilibrio strutturale dei bilanci. Anche in questo caso si tratta di una novità nell'impalcatura comunitaria, anche se dagli effetti economici ancora modesti. È passato, insomma, il principio di una *golden rule*, seppure in formato "mini" e seppure vada ancora chiarito a quali classi di investimenti potrà essere applicato. In linea generale dovrebbero essere coinvolti i cofinanziamenti nazionali dei fondi strutturali. La discussione in Commissione ha chiarito che è interesse del paese ottenere, nel confronto con le istituzioni europee, un'interpretazione di questa regola che la renda permanente e la estenda all'insieme degli investimenti che possano esercitare un impatto a breve positivo sulla crescita territoriale e sulla riduzione della disoccupazione, in particolare giovanile.

La materia presenta profili comunitari assai delicati e complessi, tenuto conto che l'Italia è in uscita dalla procedura per disavanzo eccessivo e che questa condizione è stata fondamentale per creare i varchi a favore di interventi correttivi anticiclici. Un segnale è stato fornito da una lettera congiunta dei Commissari europei agli affari economici e monetari e all'industria. Nel Consiglio europeo del 14 e 15 marzo è stata sancita una modifica degli indirizzi in materia di politiche di bilancio per i paesi, come l'Italia, in grave e perdurante recessione, rimandando per la definizione concreta degli interventi al "braccio preventivo" delle procedure di coordinamento, e cioè al confronto e alla codecisione in sede di approvazione del Programma di stabilità e crescita e del Programma nazionale di riforme, così come saranno proposti dall'Italia nel Def. La Commissione speciale ha rilevato che l'operazione sui pagamenti arretrati, nel portare l'indebitamento 2013 al 2,9 per cento del Pil, sembra esaurire ogni residuo spazio di politica economica a livello nazionale, fatta esclusione per manovre finanziarie dotate di adeguate coperture, a parità di saldi. Il Ministro Grilli ha ricordato che, nella partita dei debiti commerciali, il varco riguarda solo spese per prestazioni già effettuate, e non nuovi impegni di spesa, e la Commissione ha invitato il Governo a non sottovalutare altre emergenze economiche e sociali, in particolare per ciò che riguarda la Cassa Integrazione in deroga.

Il Ministro Moavero ha bene descritto, rispondendo in Commissione, le caratteristiche di questa svolta europea, la quale non si basa su un cambiamento delle normative e dei trattati in vigore, ma su una positiva evoluzione interpretativa degli stessi, frutto anche dell'iniziativa italiana. Ai paesi in grave recessione l'Unione consente un uso un po' più aggressivo di politiche fiscali anticicliche di livello nazionale, con preferenza per quelle, come i pagamenti degli arretrati pubblici per spese correnti, che non hanno impatto sulla dimensione economica del deficit ma solo su quella finanziaria. Non si può certo parlare di una compiuta svolta nella direzione auspicata dai critici keynesiani delle politiche dell'Unione, ma è comunque un passo avanti. A parere di molti deputati intervenuti in Commissione non emerge ancora la consapevolezza del legame fra consolidamento fiscale e recessione nei paesi in crisi, in assenza di meccanismi anticiclici o reflazionistici di livello europeo, né di un vero coordinamento delle politiche nazionali. Alcuni si sono chiesti perché un varco come quello ottenuto oggi non sia stato concesso qualche mese fa – com'è stato per la Spagna – e perché in ultima analisi ci siano voluti sei mesi di pesante recessione per capire che l'Italia avesse bisogno di interventi correttivi.

Le preoccupazioni e le aperture europee: l'Italia è too big to fail. A chi è stato delegato da un'ampia maggioranza della Commissione per la presente relazione, sembra evidente che il cambiamento di linea delle sedi comunitarie sulle prescrizioni in merito alla finanza pubblica italiana, sia la conseguenza di due fattori: da un lato, la nuova solidità del bilancio pubblico italiano, messo in sicurezza dai numerosi e dolorosi interventi degli ultimi diciotto mesi; dall'altro lato, le nuove preoccupazioni per l'evoluzione particolarmente negativa della congiuntura economica italiana. Teniamo conto che il drastico aggiustamento italiano ha generato, fra le altre conseguenze, un sostanziale pareggio della nostra bilancia dei pagamenti, il cui disavanzo solo due anni fa valeva tre punti di Pil. Più della metà di questo riequilibrio deriva da una contrazione delle importazioni, il resto da un aumento delle esportazioni. E, poiché l'Italia per le dimensioni dei flussi di commercio che attiva non è Cipro, e non è neppure la Grecia, questi numeri hanno impatto sui partners europei, un impatto che si fa valere al di là delle parole. Se è vero insomma che la valutazione congiunta, di un bilancio italiano strutturalmente in fase di risanamento e di una profonda e ormai troppo prolungata recessione interna, ha portato l'Europa a cominciare a modificare atteggiamento nei confronti delle priorità di politica economica per il nostro paese, allora, sembra necessario che l'Italia, oltre a mantenere la ritrovata credibilità in materia di stabilità finanziaria e a rispettare gli impegni di bilancio assunti nelle sedi europee, in particolare l'obiettivo di una valutazione positiva nell'ambito della procedura sui disavanzi eccessivi, sia vigile e pronta a continuare un confronto serrato con le istituzioni europee finalizzato a rendere il più possibile efficaci i nuovi margini di flessibilità, anche con riferimento a ulteriori interventi di sostegno all'economia e all'occupazione, in particolare giovanile.

Questa linea di condotta è perfettamente compatibile, a mio modo di vedere, con il forte presidio che, sulla base di un preciso interesse nazionale, l'Italia deve mantenere e rafforzare su un fronte cruciale ancora aperto, quello di un'Europa più orientata alla crescita, sia nel coordinamento fra le politiche nazionali sia nel decollo di politiche di livello europeo, basate su un bilancio propriamente federale. Su questi temi è aperto un importante confronto politico nel Parlamento europeo, che ha bocciato il progetto di bilancio proposto dai Governi e dalla Commissione e che chiede più Europa.

In conclusione, nel raccomandare alla Camera l'approvazione della Relazione presentata dal Governo, è importante sottolineare che si tratta di un atto che apre la strada a un provvedimento di stimolo all'economia, i cui aspetti di merito potranno essere valutati in sede di esame del decreto. All'origine dell'apertura europea verso nuovi margini di flessibilità per le politiche italiane di bilancio sono, allo stesso tempo, i risultati conseguiti in termini di stabilità finanziaria, che vanno salvaguardati, e una preoccupazione per il prolungamento della recessione economica nel nostro paese. Il costo e la stessa fattibilità del programma straordinario di pagamento dei crediti commerciali delle pubbliche amministrazioni dipende dalla stabilità dei tassi d'interesse sul debito pubblico italiano nelle prossime settimane e nei prossimi mesi. E questo a sua volta dipende dalla nostra capacità, come sistema paese, di evitare che l'incertezza politica possa tracimare in instabilità. L'intervento sui pagamenti pubblici, così come la mini *golden rule*, sono primi, importanti, passi di un cammino che deve acquisire continuità nel tempo, e guardare non solo alle questioni europee, ma anche alle tante questioni nazionali di riforma ancora aperte, per le quali non possiamo rimproverare l'Europa ma soltanto noi stessi. Queste preoccupazioni ritengo debbano essere al centro dell'impegno del nuovo Parlamento, affinché il paese possa con vigore e rinnovata speranza riprendere una strada di crescita sostenibile.

Una grammatica moderna della spesa pubblica per il welfare[2]

Mi sia consentita una premessa politica, per passare poi a una serie di punti di merito. A me pare che siamo arrivati a un bivio importante per ciò che riguarda l'attuazione della legge 42. Si deve decidere se affrettarsi e correre, oppure se consolidare e costruire su fondamenta certe il nuovo assetto dei rapporti finanziari fra Stato, Regioni ed enti locali.

La prima scelta comporta rischi evidenti, che vengono confermati dalla discussione che abbiamo sentito nel seminario di oggi. Permangono ampie aree di incertezza e di scarsa conoscenza, confermate dagli interventi dei tecnici e degli accademici che abbiamo ascoltato, e che ringrazio per il loro contributo. C'è ancora confusione nella definizione operativa dei costi e dei fabbisogni standard (sono formule di riparto *top-down* oppure costi di produzione *bottom-up*?), e questa confusione si riflette soprattutto nel decreto relativo a Comuni e Province. C'è scarsa conoscenza dei dati quantitativi, nonostante siano passati quasi 18 mesi dalla data di approvazione della legge 42. La Relazione che il Governo ha reso nota il

---

[2] Intervento al seminario "Fabbisogni standard e decisioni di finanza pubblica nell'attuazione del federalismo fiscale", Camera dei Deputati, Roma, 19 ottobre 2010.

30 giugno non scioglie tanti dubbi. Uno fra gli altri: siamo in grado di distinguere, fra i trasferimenti dello Stato alle Regioni e agli enti locali, e fra quelli dalle Regioni agli enti locali, quali siano da riportare a lettera m) e lettera p) e quali no? La distinzione è cruciale sul piano operativo, visto cha da essa dipende il sistema di perequazione da applicare. La produzione legislativa secondaria che il Parlamento è chiamato a valutare (oggi il decreto sui fabbisogni standard, domani quelli sul fisco municipale e su Regioni, Province e sanità) riflette queste incertezze ed è attraversata da numerosi elementi di aleatorietà. Ad esempio, nello schema di decreto sul fisco municipale in discussione in Conferenza unificata, si legge all'articolo 8 comma 4 che "il presenta decreto legislativo concorre ad assicurare, *in prima applicazione* della legge 5 maggio 2009 n. 42, e *in via transitoria*, l'autonomia di entrata dei Comuni". Nel decreto è proposta una fase transitoria e una fase "di regime" per il fisco municipale, e tuttavia entrambe sono da considerarsi un'ipotesi di "prima applicazione" e comunque tutte "transitorie"! Con questa clausola l'estensore del decreto si cautela, ma all'autorità di indirizzo politico, e ancora di più alla sede legislativa, dovrebbe ormai essere chiaro che correre e affrettarsi genera il rischio di introdurre elementi di grave instabilità nel funzionamento dell'intero sistema "multilivello", a partire dai Comuni. Credo che non ci siano alternative ad affrontare questa fase come una fase di consolidamento delle conoscenze, di valutazione informata delle alternative possibili, di istruttoria serrata di tanti temi ancora aperti: la questione dei "numeri"; quella del rapporto fra livelli essenziali delle prestazioni, fabbisogni standard e obiettivi di servizio; quella del coordinamento fra attuazione del federalismo e ciclo delle decisioni di finanza pubblica; quella della spesa in conto capitale; quella della perequazione infrastrutturale; quella degli interventi speciali; ed altre ancora.

Nel merito: sei questioni, che espongo in modo sintetico.

Qual'è la natura giuridica dei livelli essenziali delle prestazioni (Lep)? Usare gli obiettivi di servizio come "variabile ponte". Qui occorre, a mio parere, uscire dall'ipocrisia. Sappiamo tutti che i Lep non sono raggiunti in modo uniforme su tutto il territorio nazionale (penso, ad esempio, al settore sanitario). E sappiamo che, nei settori in cui i Lep ancora non sono stati individuati, l'eterogeneità territoriale dei punti di partenza è ancora più accentuata (penso, ad esempio, ai servizi di fascia materno-infantile piuttosto che ai servizi per la non autosufficienza). La legge 42 offre una strada interessante per uscire dall'ipocrisia: i Lep rappresentano standard "ottimali" da raggiungere gradualmente, nei territori o nei settori ancora sotto standard, tramite il meccanismo dell'adeguamento progressivo degli obiettivi di servizio. Gli obiettivi di servizio sono una "variabile ponte" fra situazione di partenza e standard ottimali e il percorso di transizione verso l'ottimale avviene in modo graduale, all'interno dei vincoli di finanza pubblica, dentro il coordinamento dinamico fissato dalle procedure di bilancio e dal "patto di convergenza", con meccanismi di monitoraggio, valutazione e auto-valutazione del tutto simili, nello spirito, a quelli messi in campo per il settore sanitario nel "Patto per la salute", avviato nel 2007 dal precedente Governo e confermato e migliorato nella legge finanziaria per il 2010 dal Governo attuale. Percorrere questa strada, e quindi uscire dall'ipocrisia, comporta però che al concetto di Lep non debba associarsi una sorta di "obbligatorietà", con tutto quello che comporta dal punto di vista del vincolo giuridico all'azione amministrativa. L'obbligo deve essere quello di "convergere" verso la situazione ottimale rappresentata dai Lep, non quello di erogarli non appena essi vengano stabiliti per legge, ignorando così evidenti vincoli di tipo finanziario e organizzativo.

Ricognizione dei Lep. Secondo, a me sembra prioritaria una ricognizione dei Lep. Qui ci vorrebbe una vera accelerazione, perché si tratta di uno dei punti di massima sofferenza a fronte delle inadempienze governative (si pensi che la parola "Lep", nella Relazione del Governo sull'attuazione del federalismo, non è neppure citata...). La ricognizione dovrebbe considerare non solo le norme nazionali, ma anche quelle regionali. È infatti ben possibile che, anche in assenza di norme nazionali, alcune (o tutte) le Regioni di siano dotate di Lep, e cioè di standard di servizio nei settori coperti dalla lettera m) e dalla lettera p). In questo caso sarebbe oltremodo utile, ai fini della costruzione delle normative nazionali di riferimento, un'analisi comparativa del funzionamento delle esperienze regionali, in modo da definire i migliori *benchmark* dal punto di vista dell'efficienza, dell'efficacia e dell'appropriatezza. Penso siano almeno due i settori su cui cominciare questo lavoro: quello dell'assistenza, e in particolare della non autosufficienza – da cui dipendono obiettivi strategici, di medio periodo, per il riequilibrio del sistema dell'offerta di servizi sanitari – e quello dell'istruzione. Non si tratta di questioni esoteriche, che vengono poste in questa sede, del federalismo fiscale, per frenarne il processo. Si tratta di questioni ben riconosciute anche nell'attuale produzione legislativa del Governo, laddove si rammenti che il disegno di legge cosiddetto "Gelmini" di riforma dell'Università contiene una delega per definire i Lep per il diritto allo studio. Credo sia necessario, da un lato, accelerare sulla questione Lep, e così consolidare il processo di attuazione della legge 42 (ad esempio, i Lep sul diritto allo studio potrebbero essere fatti in sei, e non in dodici mesi, e su questo il Partito Democratico ha già presentato una proposta emendativa della legge di riforma dell'Università); e, dall'altro lato, prepararsi fin da adesso, con apposite norme di coordinamento, al recepimento dei Lep nei percorsi di definizione e di stima dei costi e dei fabbisogni standard.

Top down o bottom up? Terzo, *metodo top down versus metodo bottom-up*. Il mio punto di vista è che inevitabilmente avremo bisogno di formule di riparto. Ad esempio, così come oggi avviene per la sanità, avremo bisogno di un metodo, basato su regole certe, trasparenti e condivise, per il riparto dei fondi perequativi destinati ai Comuni e alle Province, così come per le altre materie non sanitarie delle Regioni. Da questo punto di vista il *top down* è ineludibile. Al tempo stesso però, mi sembra ineludibile che si debba estendere a tutti i settori coperti dalla lettera m) e dalla lettera p) l'apparato che si è cominciato da alcuni anni a costruire per la sanità, e cioè un insieme di indicatori di gestione, di efficienza, di efficacia, di appropriatezza, che vadano nel loro insieme a costituire un "cruscotto di gestione" da utilizzare a beneficio sia dell'operato degli amministratori locali e regionali sia del funzionamento dei processi di monitoraggio e valutazione, e soprattutto del processo di convergenza. In questo caso l'approccio non può che essere *bottom-up*, e quindi micro, o se volete "meso", a seconda che si lavori su singoli servizi o prestazioni ovvero su "pacchetti" di servizi o prestazioni. Insomma, a mio parere *top-down* e *bottom-up* non vanno contrapposti, ma vanno costruiti in modo parallelo e utilizzati per scopi diversi: il riparto da un lato, il monitoraggio e la valutazione dall'altro.

Costi standard della sanità. Abbiamo capito che lo schema di decreto che il Governo ha elaborato per la discussione in Conferenza unificata genera una formula di riparto dipendente unicamente dalla popolazione regionale ponderata per classi d'età, e non dai valori di spesa procapite delle Regioni *benchmark*. Restano aperte due domande. Primo, la ponderazione esistente, che viene "conservativamente" mantenuta, andrebbe forse rivista? Non potrebbe essere questa l'occasione per un'analisi più aggiornata di come varia la spesa sanitaria per classi d'età? Secondo, non sarebbe il caso di aggiungere, accanto alla ponderazione per classi di età, qualche altro indice collegato alla deprivazione sociale e alla povertà, e cioè alle altre variabili strutturali che la letteratura scientifica riconosce come fattori determinanti la spesa sanitaria accanto all'età?

Decisioni di finanza pubblica e finanza pubblica multilivello. Quinto, intreccio fra legge 196 e legge 42, e cioè intreccio fra decisioni di finanza pubblica e federalismo fiscale. Noi ci teniamo moltissimo, e quando dico noi dico il Partito Democratico, ma penso di poter parlare anche a nome di tutti i gruppi parlamentari di opposizione, che hanno contribuito a costruire la legge 196 di riforma della contabilità e della finanza pubblica in modo che si interconnettesse e si parlasse con la legge delega sul federalismo fiscale. Il fatto che dovremo rivedere la legge 196 alla luce delle nuove decisioni europee in materia di coordinamento delle politiche economiche, e quindi per tenere conto del "semestre europeo" di bilancio, non ha impatti su quel pezzo della legge 196 in cui è stato coordinato, in modo innovativo e coerente con la legge 42, il processo di decisione fra finanza centrale e finanza locale. Mai più deve succedere quel che è successo quest'anno, e cioè che le norme sul coordinamento dinamico della finanza pubblica centro-periferia vengano totalmente disattese. Voglio ricordarle, quelle norme: entro il 15 luglio schema sul patto di convergenza e linee guida della Decisione di finanza pubblica (Dfp), contenente il riparto della manovra per livelli di governo; entro il 15 settembre, con o senza intesa con regioni e autonomie locali, Dfp in Parlamento; entro il 15 ottobre, legge di stabilità ed eventuali collegati a tale legge finalizzati al raggiungimento di quanto deciso in sede di patto di convergenza.

Cerco di spiegarlo in altre parole. Ci sarà sicuramente anche nel futuro ciò che accade nel presente, e cioè un anno t in cui c'è soltanto da stringere la cinghia e da ripartire fra i diversi livelli di governo una manovra di stabilizzazione. Ma potrà ben esserci anche un anno t+j (con j, sperabilmente, piccolo a piacere...) in cui potremmo decidere, ad esempio, di stanziare 50 milioni sulla non autosufficienza, per migliorare gli obiettivi di servizio in vista del raggiungimento dei Lep ottimali. In quel caso il processo di decisione di finanza pubblica deve procedere in modo parallelo al federalismo fiscale, coordinando le diverse azioni necessarie. E potrebbe emergere il bisogno di un disegno di legge collegato che introduca le modifiche ordinamentali utili a migliorare efficienza, efficacia e appropriatezza dell'azione pubblica "multilivello" nel settore della non autosufficienza.

Clausole di salvaguardia. Sesto e ultimo punto, clausole di salvaguardia federali. C'è molto da lavorare su questa materia. Personalmente, sono fra quelli che ritengono non sufficienti meri meccanismi di "punizione ex post", che intervengono quando le criticità si sono consolidate. Occorrono meccanismi di affiancamento, di assistenza tecnica, di aiuto alle amministrazioni divergenti prima che arrivino i problemi. Ogni meccanismo propriamente "federale" di affiancamento alle amministrazioni in difficoltà può determinare un'efficacia enormemente superiore a quella della mera penalizzazione finanziaria. Può anche darsi che, su questo versante, sia il caso di rivedere qualcosa dello stesso Titolo V riformato nel 2001.

Il nuovo Ufficio Parlamentare di Bilancio: commenti e polemiche[3]

Il commento pubblicato da Astrid, a firma Leo Giunti, sulla legge "rafforzata" di bilancio approvata dalla Camera nei giorni scorsi, in attuazione della legge costituzionale che ha modificato l'articolo 81 della Costituzione, è superficiale e incompleto. Non può restare senza risposta.

A Giunti non interessa nulla dei primi quindici articoli della legge in questione. Si tratta probabilmente, secondo il nostro commentatore all'amatriciana, di secondarie bazzecole: ancorare le procedure di bilancio al nuovo principio dell'"equilibrio"; renderle coerenti con gli obiettivi a medio termine definiti nelle decisioni dell'Unione Europea; evitare che tutto ciò si traduca in inutili o dannose camicie di forza; introdurre una rigorosa regola di freno sulla dinamica della spesa pubblica; definire gli eventi eccezionali che consentono scostamenti dagli obiettivi a medio termine e i meccanismi dei successivi piani di rientro; estendere questi strumenti al complesso delle amministrazioni pubbliche; regolare la novità del concorso dello stato al finanziamento dei livelli essenziali delle prestazioni e delle funzioni fondamentali nelle fasi avverse del ciclo o al verificarsi di eventi eccezionali; riformulare i principi fondamentali della contabilità pubblica e, soprattutto, il contenuto e la struttura della legge di bilancio.

---

[3] Astrid Rassegna, n. 22, dicembre 2012.

Nulla di tutto ciò viene ricordato nel commento di Giunti, e nulla del difficile e complesso lavoro di armonizzazione e sintesi fra i diversi testi originariamente depositati al Senato e alla Camera. Al nostro commentatore interessano solo gli articoli finali, quelli che vanno dal 16 al 19, che istituiscono l'organismo indipendente per l'analisi e la verifica degli andamenti di finanza pubblica e l'osservanza delle regole di bilancio, il nuovo Ufficio parlamentare di bilancio (Upb).

In realtà a Giunti non interessa entrare nel merito di quisquilie come, ad esempio, le funzioni del nuovo organismo; la possibilità che esso venga chiamato a valutare l'impatto dei provvedimenti legislativi più significativi (creando così per la prima volta un vero e proprio contraltare alle relazioni tecniche predisposte dagli uffici del governo); la differenza fra i diversi modelli internazionali di *fiscal council*; la compatibilità delle normative europee, di derivazione Ocse, in materia di *fiscal council* con le esperienze storicamente diverse che hanno origine da oltre Atlantico (organismi di controllo parlamentare del bilancio presso le assemblee elettive, del tipo *Congressional Budget Office*, CBO). Non si sofferma, il nostro commentatore, sull'originalità della soluzione che l'Italia potrebbe produrre con la legge in questione: un ufficio indipendente dal governo, ma collegato con il parlamento. Non gli passa vagamente per la mente che il nodo di fondo da sciogliere è quello di contemperare le previsioni normative europee (che in sostanza propendono per una sorta di "super-ufficio" governativo, interlocutore di Bruxelles) con una lunga e importante battaglia politica e culturale che da anni si svolge in Italia per rafforzare, sulla scorta del modello statunitense del CBO, la trasparenza delle decisioni di bilancio e la verificabilità degli atti e dei numeri presentati dal governo.

A Giunti importa solo una questione: se l'ufficio sarà monocratico oppure governato da un collegio. Perché in questo secondo caso, che è quello scelto dalla Commissione bilancio e poi dall'aula della Camera, si può facilmente innestare l'ennesima polemica anti-casta: i partiti vogliono la spartizione. Ora, chi scrive questa nota non vuole certo difendere numerosi e censurabili comportamenti che, anche recentemente, hanno visto i partiti responsabili di nomine discutibili. Sono convinto, anzi, che un passo indietro della politica dalla gestione (dell'amministrazione, delle aziende, ecc.) sia essenziale per far ripartire la macchina pubblica italiana, e lo stesso vale nei confronti delle autorità indipendenti. Non mi convince tuttavia l'idea che la soluzione al problema sia di trasformare tutti gli organi collegiali in organi monocratici: se davvero lo vogliono, i partiti si spartiranno i diversi organi monocratici, piuttosto che i collegi all'interno di ciascuno. E se invece in Italia si dovesse affermare finalmente una diversa etica nella politica, allora la questione monocratico-collegiale sarà superata in radice.

Giunti ironizza sull'intervento di un deputato che cita le esperienze di Irlanda e Portogallo. Faccio *outing*: quel deputato sono io. E penso che ci sia davvero poco da ironizzare. Infatti, quei due *fiscal council* sono stati istituiti nel corso del 2011, parallelamente al varo dei programmi di aiuto predisposti dall'Unione a vantaggio dei due paesi che, accanto alla Grecia, hanno incontrato difficoltà di accesso ai mercati quando è scoppiata la crisi dell'eurozona e il contagio perverso fra debiti sovrani e debiti bancari. Sono quindi l'esempio più vicino a noi di cosa davvero l'Europa vuole da parte dei paesi che potrebbero aver bisogno del suo aiuto finanziario, o anche soltanto della sua solidarietà in un contesto di crescente integrazione federale delle politiche di bilancio. E hanno due caratteristiche: non rispondono ai parlamenti nazionali; sono diretti da organi collegiali, in entrambe i casi di cinque componenti. Nel caso portoghese è previsto che almeno due componenti del *board* debbano essere di nazionalità diversa da quella portoghese.

Non è quindi l'Europa a chiedere una direzione monocratica dell'organismo indipendente di controllo del bilancio. Anche nel caso olandese e in quello inglese, dove la scelta del *fiscal council* è stata endogena e non indotta dalla crisi e dalle nuove regole europee, la direzione è di un collegio di tre persone. Il motivo a me sembra chiaro: l'organismo in questione ha delicate responsabilità; potrebbe smentire ciò che dice il governo in carica; potrebbe influenzare in modo rilevante la discussione pubblica e il corso della decisione politica. La collegialità, vista sotto questo aspetto, ne rafforza l'autorevolezza e l'indipendenza: potrebbero farne parte esperti di diversi orientamenti culturali (ad esempio, keynesiani e monetaristi) i quali, se raggiungono l'accordo che una certa stima prodotta dal governo va rivista, sono più difficilmente criticabili di quanto non potrebbe essere un organo monocratico.

Il partito a favore del monocratico, quindi, non arriva dall'Europa, ma è tutto domestico: e se la sua motivazione nasce dalla delusione nei confronti della politica e dei partiti, pur trattandosi di una motivazione legittima, propone tuttavia una soluzione falsa e superficiale di un problema che è molto più profondo. Altre motivazioni, però, potrebbero essere leggibili da parte dei tifosi della soluzione monocratica: in alcune proposte, infatti, accanto all'organo monocratico viene insediato un comitato scientifico composto da tre persone scelte d'intesa con Banca d'Italia, Istat e Corte dei Conti.

Insomma: dalla padella della casta dei politici alla brace della casta delle grandi tecnostrutture.

Due conclusioni. Primo, teniamoci ben stretta l'opzione che abbiamo scelto nella riforma costituzionale, e che è stata validata nelle sedi comunitarie, per un organismo indipendente che abbia una relazione con il parlamento, e non soltanto con Bruxelles. Ne va della qualità della nostra democrazia, nella speranza poi che il prossimo parlamento possa segnare l'inizio dell'uscita dalla crisi di credibilità delle istituzioni rappresentative: una questione che io ritengo legata alla necessità di una forte svolta politica dopo il nefasto decennio berlusconiano dominato dal bipolarismo muscolare.

Secondo, i criteri per la selezione dei componenti del collegio potrebbero utilmente essere rafforzati, in modo da inserire ulteriori paletti che evitino la possibilità di spartizioni al ribasso nel processo di nomina dell'Upb. Per fare questo si può correre il rischio, nei prossimi pochi giorni di fine legislatura, di un'apposita navetta Senato-Camera. Oppure si può assumere questo impegno tramite una scelta autonoma dei regolamenti delle Camere. Ad esempio, si potrebbe introdurre la presenza di almeno un esperto non italiano, come in Portogallo. E così Giunti potrebbe dire di avere avuto ragione: il nostro CBO sarà davvero "alla portoghese"!

Annus horribilis. La crisi del 2011 e il Salva Italia del governo Monti[4]

Era necessaria una nuova manovra? Era indispensabile per due motivi: a) le manovre di luglio e di agosto avevano lasciato numerosi punti aperti. Soprattutto, le modalità effettive con cui coprire il previsto contributo di 4, 16, 20 miliardi rispettivamente nel 2012, 2013, 2014 a carico della delega fiscale e assistenziale, oltre a previsioni di gettiti connessi alle misure anti evasione abbastanza aleatorie. La debole coerenza interna delle manovre estive, oltre alla carenza di misure strutturali, sono alla base del crollo di fiducia nei confronti dell'Italia da parte delle autorità europee, insieme alla scarsa reputazione della precedente compagine governativa e del suo Presidente del Consiglio; b) per effetto della minore crescita economica e del drammatico aumento dei tassi d'interesse è stato necessario apportare un ulteriore aggiustamento pari a 1,3 punti di Pil.

[4] www.scuoladipolitica.it, 22 dicembre 2011.

Questa manovra è strutturale? Indubbiamente sì, e infatti è percepita come molto dura e dolorosa. Dal lato fiscale vengono: introdotti nuovi tributi, come l'Imposta municipale propria; ampliate le basi imponibili; aumentate le aliquote di imposte esistenti, come Iva e accise. Dal lato delle spese il passaggio al sistema contributivo pro rata per tutti completa in modo definitivo la riforma pensionistica avviata nel 1995.

Basterà questa manovra, saranno utili i sacrifici? La tempesta della crisi coinvolge l'intera area dell'Euro, e l'Italia in particolare per la fragilità connessa al suo elevato debito pubblico, accoppiata al fatto che cresciamo molto poco da ormai undici anni. Abbiamo anche un elevato deficit di bilancia corrente dei pagamenti (circa 50 miliardi all'anno di importazioni di beni e servizi superiori alle esportazioni). Per l'Italia è inevitabile (anche se l'Euro non esistesse) un aggiustamento che passi attraverso una fase di austerità e di riforme per la crescita. La crisi ha però messo in evidenza la fragilità dell'intera costruzione europea. Per avere una politica economica comune (ad esempio sul fronte della stabilizzazione finanziaria) è necessario avere un vero coordinamento delle politiche fiscali e di bilancio all'interno dell'eurozona. Ci si sta arrivando con molta fatica e troppa lentezza, a causa di un governo inefficace della crisi da parte dell'asse franco-tedesco.

Le decisioni dell'ultimo vertice europeo tuttavia vanno nella giusta direzione, grazie anche alla nuova posizione assunta dall'Italia, che non è più nelle condizioni di subire, marginalizzata, le decisioni altrui, ma può esercitare con l'autorevolezza della nuova compagine governativa e del suo Presidente del Consiglio un ruolo di proposta e di mediazione. Va detto però che per l'Italia il rigore fiscale è condizione necessaria ma non sufficiente all'uscita dalla crisi. Occorre che l'Europa attivi altre due direttrici di politica economica: le misure per la stabilità finanziaria, in particolare per arginare la doppia crisi dei debiti sovrani e delle banche, e le misure per la crescita. Sul primo versante l'ultimo vertice europeo ha fatto qualche passo avanti, ma ancora non conclusivo. Sul secondo versante invece l'Europa è ancora ferma per colpa della prevalenza di approcci politici conservatori e di centro-destra. In ogni caso non vanno sottovalutate le importanti misure assunte dalla Bce per garantire liquidità al sistema bancario.

È Monti che aumenta le tasse o le tasse sarebbero comunque aumentate? Berlusconi e il centro-destra piangono lacrime di coccodrillo per l'aumento delle tasse. Ma la verità è che, senza questa manovra, sarebbe scattata in automatico la "clausola di salvaguardia" scritta nella manovra di luglio: la riduzione di 4, 16 e 20 miliardi nel 2012, 2013 e 2014 tramite il taglio lineare dei regimi esistenti di agevolazione fiscale. La maggior parte di questi regimi va a vantaggio delle famiglie con redditi bassi e medio bassi, soprattutto tramite il meccanismo delle detrazioni Irpef (per lavoro, carichi familiari, sanità, istruzione, ecc.). Monti, allora, aumenta le tasse in modo certamente più equo di come le tasse sarebbero aumentate in base a quanto previsto dalle manovre estive. Per non parlare dell'impatto sociale poiché si era previsto di reperire una parte di quelle risorse a carico della spesa assistenziale. La manovra Monti, invece, introduce una riforma dell'Isee che permetterà di selezionare con più efficacia ed equità l'accesso alle prestazioni sociali universalistiche, e finalizza i futuri risparmi al comparto della spesa sociale e assistenziale.

Perché solo più tasse, occorre anche ridurre la spesa! La manovra aggredisce anche la spesa, in particolare quella per pensioni. Introduce alcune nuove regole importanti come messaggio politico (tetti alle retribuzioni dei dirigenti pubblici, regole per quelle dei manager delle aziende pubbliche, abolizione delle province), a cui si affiancano le riduzioni di spesa che dovranno essere fatte dagli organi costituzionali (Camere, Quirinale, ecc.). Non c'è dubbio però che: a) va continuato con perseveranza e impegno il lavoro di contenimento della spesa pubblica corrente primaria (al netto degli interessi), attraverso i costi e i fabbisogni standard e le *spending review*; b) va preso l'impegno che i proventi della lotta all'evasione (che questa manovra rafforza con alcune misure molto efficaci, come ad esempio la fine del segreto bancario ai fini fiscali) vadano nel corso del tempo impiegati per ridurre la pressione fiscale e non per inseguire la spesa.

Qualche tassa viene anche ridotta, per sostenere la crescita. Accanto alla parte "cattiva" della manovra fiscale, ce n'è anche una "buona": a) detassazione del capitale investito nel patrimonio d'impresa, una misura chiamata Ace ("aiuto alla crescita economica", ma la vera origine è nella formula inglese "*allowance for corporate equity*"), ma che in realtà somiglia molto alla Dit e alla super Dit introdotte dai governi dell'Ulivo nella legislatura 1996-2001 e poi abrogati da Tremonti; b) deducibilità dall'Ires della componente Irap legata al costo del lavoro, con un vantaggio aggiuntivo per gli occupati giovani e donne; c) stabilizzazione permanente delle misure di incentivo fiscale per gli interventi di efficientamento energetico e di ristrutturazione. L'impianto della manovra è coerente con l'obiettivo a medio termine di spostare la tassazione dai fattori produttivi (lavoro, impresa) alle "cose", cioè a consumi e patrimoni. Per quanto riguarda i consumi, va ricordato che l'aliquota effettiva media delle imposte sui consumi in Italia è inferiore del 4,4 per cento alla media dell'eurozona, anche per effetto dell'evasione.

Va notato che gli alleggerimenti fiscali sono solo dal lato delle imprese, e non delle persone fisiche. La scelta del governo è comprensibile, in una fase di acuta crisi produttiva: si cerca, soprattutto con la deducibilità della componente costo del lavoro, una misura che sostenga la competitività delle imprese e che riduca il cuneo fra retribuzioni e costo del lavoro (lo stesso aveva fatto nel 2007 il governo Prodi). È necessario allora ricordare che, se l'operazione di salvataggio dell'Italia avrà esito positivo, non appena possibile occorre mettere in piedi misure di riforma strutturale della tassazione sui redditi personali, con interventi prioritari sulla prima aliquota Irpef e sul sistema delle detrazioni per carichi familiari.

Imposte patrimoniali: più 16 miliardi. L'Italia è in penultima posizione fra i paesi Ocse per il peso delle imposte sul patrimonio, circa un punto di Pil in meno. La manovra introduce una rilevantissima (storica) correzione strutturale a questo dato, con un contributo delle nuove imposte patrimoniali pari a più di un punto di Pil. La correzione del sistema fiscale verso i patrimoni viaggia su cinque gambe, e la più importante è la nuova imposta municipale propria (Imu).

La nuova imposta municipale. L'Imu era già prevista dai decreti di attuazione del federalismo fiscale, ma viene anticipata al 2012 e ne viene estesa la base imponibile con l'ampliamento alla prima casa e l'aumento dei coefficienti da applicare alla valutazione delle rendite catastali. Per quanto riguarda l'estensione alla prima casa, l'ultimo decreto varato da Calderoli prevede un'imposta molto simile a carico anche delle prime case (una nuova Tarsu-Tia ancorata ai valori catastali come "imposta comunale sui servizi"). Lega e Pdl farebbero bene, quindi, a non stracciarsi le vesti. Anche loro si erano, *in limine mortis*, resi conto che non si può fare il federalismo fiscale senza dare una vera autonomia tributaria ai comuni, un elemento che il Pd ha sempre sottolineato e che lo ha portato a contrastare e votare contro i decreti di attuazione del federalismo relativi ai comuni del precedente governo.

Monti ha affrontato la questione con una significativa discontinuità e ha rafforzato l'autonomia tributaria dei comuni. Oltre all'Imu nasce il tributo comunale sui rifiuti e sui servizi, anch'esso legato ai valori catastali. Su questi tributi i comuni potranno esercitare un ampio margine di flessibilità tramite la variazione delle aliquote: l'Imu sulla prima casa ha un'aliquota base del 4 per mille (la vecchia Ici prima casa aveva un'aliquota media superiore al 5 per mille) e i comuni potranno variare del +/- 2 per mille; l'Imu ordinaria ha un'aliquota del 7,6 per mille, variabile nell'intervallo +/- 3 per mille; il tributo sui servizi concede ai comuni un contributo aggiuntivo alla vecchia Tarsu-Tia pari a 0,30 euro per metro quadrato e la facoltà di una maggiorazione fino a 0,40 euro.

Per ridurre l'impatto sociale della nuova Imu sulla prima casa è prevista una robusta detrazione di 200 euro, che aumenta per due anni di 50 euro per ogni figlio fino al massimo di 400 euro. Ai comuni viene attribuito il gettito dell'Imu sulle prime case e la metà dell'Imu ordinaria; l'altra metà va allo stato sotto forma di sovraimposta erariale. Andrà meglio messo a fuoco nei prossimi mesi il coordinamento di questa importante riforma con il funzionamento del fondo di riequilibrio e del fondo perequativo destinati ai comuni in attuazione del federalismo fiscale.

Alcuni punti critici restano aperti: la mancata differenziazione dell'Imu ordinaria a seconda che l'abitazione sia o meno locata (la riforma favorisce di fatto le abitazioni non locate al confronto con quelle locate, e questo non va bene); il sistema delle detrazioni, dove la detrazione fissata in modo rigido a livello nazionale contraddice la scelta di una più accentuata autonomia tributaria dei comuni (meglio sarebbe stato devolvere ai comuni la gestione delle detrazioni); l'assenza di proposte sulla questione dei soggetti esenti (no profit), alla luce dell'imminente pronunciamento comunitario (meglio sarebbe utilizzare l'introduzione sperimentale della nuova Imu per ampliare l'obbligo di dichiarazione a tutti i soggetti, compresi quelli esenti, per disporre almeno di una completa base informativa).

L'introduzione dell'Imu in condizioni di emergenza non ha consentito al governo di affrontare la questione del disegno tributario complessivo del federalismo. Ricordiamo che la proposta del Pd prevede, nel momento in cui ai comuni sia assegnato un vero tributo proprio collegato alle basi imponibili immobiliari, l'abolizione dell'addizionale comunale Irpef. A regime, insomma, noi pensiamo che l'addizionale Irpef vada destinata alla flessibilità fiscale delle sole regioni, mentre l'Imu e il nuovo tributo rifiuti e servizi siano più che sufficienti per la flessibilità fiscale dei comuni. Anche a questo bisognerà pensare una volta terminata la fase più acuta della crisi.

Le altre quattro patrimoniali. Accanto all'Imu vengono introdotte, o riformate: a) l'imposta di bollo sulla detenzione di attività finanziarie, che si applica sui conti correnti con più di 5 mila euro di giacenza e sulle altre forme di detenzione di titoli; b) l'imposta sui beni di lusso (auto di lusso, imbarcazioni, aerei); c) l'imposta di bollo speciale annuale sui capitali scudati, che viene resa permanente e diventa così una sorta di "imposta sull'anonimato". Si tratta di una proposta che il Pd aveva avanzato fin da agosto e che il governo Monti mette in campo, con una soluzione innovativa che la rende permanente e non una tantum; d) l'imposta personale sul valore degli immobili e delle attività finanziarie detenute all'estero.

Ma allora: c'è o no la patrimoniale? Lo spostamento verso imposte patrimoniali è strutturale e rilevante. Si tratta di imposte patrimoniali reali (fatta esclusione per il punto d) della lista precedente) e non personali. Molti avevano sposato l'idea di un'imposta patrimoniale personale. Un'imposta simile (sulle "grandi ricchezze") esiste in Francia, ma fornisce un gettito di poco più di un miliardo di euro. L'imposta patrimoniale personale è facilmente eludibile (e se lo è in Francia, figuriamoci in Italia) diversificando l'intestazione dei patrimoni, ad esempio fra i familiari oppure tramite società di comodo. Le imposte patrimoniali reali, peraltro, sono progressive "in sé", poiché i patrimoni hanno una distribuzione più concentrata dei redditi. In Italia non c'è miglior indice della capacità contributiva della qualità e del pregio, e quindi del valore, della casa di abitazione. Deve restare tuttavia fermo il duplice obiettivo di: a) dotare l'amministrazione fiscale italiana di un'affidabile anagrafe dei patrimoni personali; b) mettere in campo finalmente una riforma degli estimi catastali, al cui interno oggi esistono troppe distorsioni e difformità che riducono il potenziale di progressività dell'Imu.

Lotta all'evasione: il bicchiere è pieno per ben più della metà. L'obbligo di comunicazione all'anagrafe tributaria da parte degli intermediari finanziari di tutte le movimentazioni sui conti correnti e sui conti titoli è una forte discontinuità. Quando in passato Vincenzo Visco aveva proposto di rendere noti i soli saldi di fine anno e le giacenze medie era stato tacciato di essere un pericoloso vampiro comunista. È rilevante anche la trasformazione in reato penale della trasmissione di atti o documento falsi, ovvero di dati e notizie non rispondenti al vero (in questo secondo caso, previa verifica dell'assenza di dolo). Così come l'obbligo di pagamenti elettronici sopra i mille euro e l'introduzione di conti corrente "di base" gratuiti. Viene poi introdotto un nuovo regime semplificato e agevolato per le ditte individuali, i professionisti e le microimprese, che prevede da un lato collegamento telematico e tracciabilità, dall'altro lato semplificazioni e agevolazioni. Fra le misure di contrasto all'evasione su cui la discussione pubblica si è soffermata negli ultimi anni alcune mancano all'appello, come la trasmissione telematica dell'elenco clienti fornitori (ma la trasmissione telematica è già obbligatoria sopra 3.000 euro per le persone fisiche e sopra 3.600 euro per quelle giuridiche) e i conti correnti dedicati delle ditte individuali e dei professionisti. Tuttavia, con la tracciabilità a mille euro e la piena informazione sui movimenti bancari e finanziari si tratta di assenze su cui il giudizio politico va attentamente ponderato. Piuttosto è necessario approfondire le piste di lavoro suggerite dal gruppo di lavoro sull'evasione fiscale presieduto da Giovannini[5], in direzione da un lato delle normative utili al contrasto dell'evasione e delle frodi Iva e dall'altro lato di ulteriori aree in cui sperimentare il meccanismo del contrasto di interessi in aggiunta a quelle già vigenti. Ed è necessaria una grande attenzione alle modalità di organizzazione e di funzionamento dell'amministrazione finanziaria, che sarà messa nelle condizioni di gestire una grandissima massa di dati e di informazioni e dovrà imparare a utilizzarle con efficienza e accortezza.

A completamento della manovra fiscale, negli aggiustamenti apportati in Parlamento, è stata introdotta una riforma delle attività di riscossione coattiva, con il superamento del sistema di remunerazione di Equitalia tramite l'aggio e il passaggio a un sistema basato sul ribaltamento dei costi, esattamente come avviene per la fornitura di qualsiasi servizio pubblico soggetto a tariffa piena. Vengono anche migliorate, a vantaggio dei contribuenti, le condizioni di dilazione dei pagamenti. Insomma: prove generali di quel fisco "più amico" che Monti ha messo fra le priorità dell'azione di governo.

Perché dobbiamo salvare le banche? Si fa molta demagogia sulle misure (europee e italiane) per il contenimento della crisi bancaria. La manovra

[5] Gruppo di lavoro "Economia non osservata e flussi finanziari", *Rapporto finale sull'attività*, Roma, MEF, luglio 2011.

Monti contiene la garanzia statale sulle obbligazioni bancarie, nonché la nuova Ace, che indirettamente beneficerà gli aumenti di capitale a cui le banche italiane saranno chiamate a breve anche sulla base di (in parte discutibili) regolamentazioni europee. Su questo punto è necessario che una forza riformista e responsabile come il Pd non dia spazio ad alcuna slabbratura populistica.

Non solo una crisi bancaria può avere effetti sociali devastanti (si pensi ai cittadini che hanno i loro soldi nei conti correnti oppure nei titoli emessi dalle banche), ma questi effetti sarebbero ancora più gravi in un paese come l'Italia, dove il principale canale di finanziamento delle imprese è quello bancario. Si tratta di una peculiarità italiana dovuta alla piccola dimensione media d'impresa, oltre che alla scarsa innovazione finanziaria. E tuttavia si tratta di un dato da cui non si può prescindere. In Italia le banche sono il principale finanziatore dell'attività d'impresa e tramite questo canale hanno attratto a sostegno del sistema produttivo nazionale ingenti capitali, approvvigionandosi sui mercati interbancari europeo e internazionale.

Quando ci si lamenta della scarsa capacità di attrazione di capitali esteri in Italia si pensa ai canali di investimento diretto. Tramite il canale bancario, però, e quindi tramite un canale indiretto, sono stati centinaia e centinaia i miliardi di euro di capitali arrivati in Italia: il prosciugamento di quel canale metterebbe in poco tempo in ginocchio l'intero paese. E lo stesso avverrebbe se il nuovo "rischio paese" percepito sul debito sovrano si dovesse trasmettere per un periodo abbastanza lungo (ma basta qualche mese!) sui tassi d'interesse di mercato pagati dalle imprese. Piuttosto è necessario che il governo, tramite gli strumenti già esistenti, messi in campo con i provvedimenti anti-crisi del 2008, ed eventualmente innovandoli e migliorandoli, e la Banca d'Italia, tramite i poteri di vigilanza, esercitino un costante monitoraggio affinché le misure di sostegno al sistema bancario si trasmettano a vantaggio (ovvero a minor svantaggio) delle imprese.

Capitolo ottavo

Crescita, riforme

Tunnel ferroviario del Moncenisio: perché sì in 15 punti[1]

Con la ratifica del presente Accordo fra Italia e Francia, e degli annessi Protocollo e Allegato, già deliberata dal Senato, siamo a un passo dalla chiusura di una vicenda più che ventennale, che ha impegnato tanta energia, tanti sforzi, tanta discussione pubblica e tanta polemica politica nel nostro paese. Fin dai primi mesi del 2017 si potrà finalmente dare avvio ai lavori di scavo del nuovo tunnel ferroviario sotto il Moncenisio, destinato a sostituire la storica galleria del Frejus, la prima e più antica galleria ferroviaria alpina.

Il nuovo tunnel è l'opera fondamentale per procedere all'ammodernamento dell'intera linea ferroviaria Torino-Lione. Poiché attraversa il confine di Stato viene definita come "transfrontaliera" e verrà costruita e gestita nell'ambito di un partenariato pubblico paritario fra i due Stati. Il resto dei lavori relativi alle tratte di adduzione da Torino e da Lione verso il tunnel saranno realizzati separatamente da ciascuna delle due amministrazioni, e non fanno pertanto parte dell'Accordo. La parallela ratifica da parte del Parlamento francese è calendarizzata nell'aula dell'*Assemblée Nationale* nella giornata di giovedì 22 dicembre.

La Commissione affari esteri della Camera dei Deputati ha effettuato durante l'esame in sede referente un ciclo di audizioni, che non erano invece state previste durante l'esame di questo provvedimento al Senato. Si è trattato a mio avviso di una decisione opportuna: la discussione pubblica è tanto più efficace, democratica e partecipata quanto più è informata e

[1] Sintesi della relazione all'aula sulla ratifica dell'Accordo tra il Governo della Repubblica italiana e il Governo della Repubblica francese per l'avvio dei lavori definitivi della sezione transfrontaliera della nuova linea ferroviaria Torino-Lione. Montecitorio, 19 dicembre 2016.

capace di confrontare punti di vista differenti. È mio auspicio che la discussione, anche serrata, possa svolgersi, all'interno dell'aula di Montecitorio e all'esterno di essa, tenendo conto fino in fondo e con onestà intellettuale e politica dei materiali che abbiamo raccolto.

Non si tratta, badate, di un auspicio formale. Siamo tutti e tutte, chi pro tempore in maggioranza e chi pro tempore all'opposizione, dirigenti politici del nostro paese e dobbiamo assumerci le relative responsabilità. Tutte e tutti siamo a conoscenza dei gravi problemi di ordine pubblico che nel corso degli anni sono stati generati dall'uso strumentale dell'opposizione a questo progetto da parte di gruppi estremistici di oscura matrice: oltre 200 assalti al cantiere fra 2011 e 2016, circa 500 feriti tra le forze dell'ordine, sabotaggi alle imprese impegnate nel cantiere, atti di violenza nei confronti dei lavoratori e dei loro luoghi di ritrovo, atti di sabotaggio nei confronti di treni sulla linea storica, 38 condanne penali in secondo grado per circa 120 anni di carcere.

Io credo che sia nostro dovere condannare, in modo unanime, ogni atto che usi la violenza e l'intimidazione di stampo criminale contro i cantieri della Torino Lione. E credo che dovremmo tutte e tutti, in modo altrettanto unanime, ringraziare le forze dell'ordine e la magistratura per l'impegno eccezionale e difficile che hanno messo in campo in questi anni per tutelare la legalità e difendere i diritti di cittadini e lavoratori.

La qualità della nostra discussione in Parlamento, la responsabilità che sapremo mostrare nella comunicazione esterna, non sono fattori ininfluenti, e spero che ne siamo tutte e tutti consapevoli.

Sulla base dei materiali che abbiamo raccolto provo a sintetizzare in quindici punti la complessa e controversa vicenda del Tunnel del Moncenisio.

Cofinanziamento europeo. Abbiamo agli atti la comunicazione ufficiale della Commissione Europea che, nel confermare il cofinanziamento al 40 per cento per l'opera oggetto dell'accordo (il tunnel transfrontaliero), ricorda che la legge di ratifica va approvata entro il primo gennaio 2017.

La nuova linea ferroviaria Torino Lione non è ad alta velocità. Dovendo andare in galleria, ovviamente sotto il Moncenisio ma anche per altri tratti di adduzione sia in Italia che in Francia, le normative esistenti prescrivono velocità molto più basse sia per i convogli merci sia per quelli passeggeri di quelle consentite sull'alta velocità. Non è quindi corretto usare, parlando del progetto su cui Italia e Francia hanno sottoscritto l'Accordo da ratificare, il termine "TAV", ovvero "TGV". Potrebbe sembrare, questa, una questione di mero formalismo definitorio, ma sappiamo bene che *nomina sunt consequentia rerum*, e dobbiamo evitare – ferme le diverse opinioni sull'opera – che siano invece le cose a diventare conseguenza di un nome sbagliato.

Meno gomma, più ferro. Il traffico che attraversa l'arco alpino occidentale è, anche dopo la crisi, stabile fra i 4/5 milioni di tonnellate al mese, ma la sua composizione modale è assolutamente distorta: 91 per cento su strada, solo 9 per cento su ferrovia. Sulla direttrice Italia-Svizzera le politiche ambientaliste del governo svizzero, aventi l'obiettivo di ridurre inquinamento e congestione generati dal trasporto su gomma, hanno prodotto una modificazione strutturale della composizione modale, con il trasporto ferroviario arrivato quasi al 70 per cento grazie all'apertura di nuovi tunnel moderni (Loetschberg nel 2007, Zimmerberg nel 2010) e destinato ad aumentare ulteriormente con l'imminente apertura del Gottardo. In Austria, dove la gomma pesa ancora per il 67/68 per cento, si lavora al nuovo tunnel del Brennero, anch'esso prioritario nell'ambito della strategia europea delle reti di trasporto.

Aberrante ruolo dei TIR. L'aberrante distorsione modale sulla direttrice Italia-Francia comporta il transito annuale di 2,7 milioni di TIR, di cui 1,3 attraverso Ventimiglia e il resto equamente diviso fra autostrada del Frejus e autostrada del Monte Bianco. I costi ambientali di questa situazione sono molto ingenti, a svantaggio non solo dei territori di frontiera alpina del Piemonte, ma anche, forse soprattutto, di quelli del Ponente ligure, sull'intera direttrice Genova-Ventimiglia.

Benefici ambientali. Una tonnellata di merci trasportata da un treno moderno produce meno del 20 per cento della CO2 prodotta dall'equivalente trasporto su strada, oltre a costare la metà. Il riaggiustamento inter-modale a vantaggio del trasporto eco-compatibile che l'attuazione di questo progetto renderà possibile può puntare all'obiettivo di togliere dalle strade alpine un milione di TIR all'anno, portando la quota del ferro verso il 50 per cento. Questo significa, da un lato, far respirare le montagne e la Liguria, e dall'altro ridurre le emissioni di CO2 in una misura pari alla produzione complessiva di anidride carbonica generata da una città di 300 mila abitanti. Si tratta di un contributo importante nell'ambito della strategia di riduzione dei gas a effetto serra, come previsto nell'accordo siglato a Parigi nell'ambito della COP21 e recentemente ratificato dal Parlamento italiano.

Tutti i paesi della regione alpina, firmatari della Convenzione delle Alpi, sono solidalmente impegnati in questo programma, con l'obiettivo di preservare le straordinarie qualità ambientali e naturalistiche di quel territorio, che sono uniche al mondo e sono altresì la base di importanti e diffuse attività produttive che contribuiscono in parte significativa allo sviluppo locale dell'area, a partire dal turismo. Progetti simili per caratteristiche e obiettivi a quello del Moncenisio sono in programmazione di nuovo in Svizzera (Ceneri), in Austria (Semmering, Koralm e Brennero) e in Slovenia.

Il Frejus è inemendabile. Il problema non può essere risolto con interventi di ammodernamento del traforo ferroviario del Frejus, il più antico traforo alpino, per motivi tecnici ben spiegati nel corso delle audizioni, ai cui materiali rimando.

Il progetto definitivo è diverso da quello originario. L'attuale progetto della nuova linea ferroviaria Torino Lione, ivi compreso il tunnel transfrontaliero, è molto diverso da quello iniziale. Le critiche pressoché generali e l'opposizione alla prima versione del progetto hanno prodotto il risultato di un cambiamento radicale. Nel progetto iniziale si prevedeva la realizzazione interamente in nuova sede di 82 km di linea, con un costo complessivo di quasi 9 miliardi per la sola parte italiana. Il nuovo progetto limita a soli 14 km la costruzione di linea in nuova sede e massimizza il riutilizzo e l'ammodernamento della linea storica esistente, oltre che di altre infrastrutture, venendo così in sostanza incontro alle critiche rivolte all'originaria proposta. Il consumo di suolo si riduce notevolmente. Il costo per l'Italia si abbassa a circa 2,6 miliardi per la sezione transfrontaliera e 1,9 miliardi per le linee di adduzione. È utile rammentare che il costo è superiore per la Francia, poiché la distanza fra Lione e il tunnel transfrontaliero è di 150 km, contro i 60 di Torino. Il costo dell'adeguamento delle tratte di adduzione francesi è stimato fra 5 e 7 miliardi.

Riprogettazione radicale. La riprogettazione è frutto di un cambiamento di rotta e di un rilevante impegno del Governo italiano che, anche scontando significativi ritardi e la necessità di riprogrammare insieme a Francia e Unione Europea il calendario delle realizzazioni, ha accettato a partire dal 2006-2007 un confronto aperto, in sede progettuale e in sede partecipativa, per superare tanti elementi critici ampiamente condivisi. Una prima modifica fondamentale è stata il trasferimento dell'imbocco della galleria geognostica italiana da Venaus a Chiomonte. Un ruolo importante per questo lavoro di ridefinizione del progetto è stato svolto dal Tavolo istituzionale di Palazzo Chigi e dall'Osservatorio tecnico. Quest'ultimo ha cominciato i suoi lavori il 12 dicembre 2006 e ha tenuto, ad oggi, 218 sessioni di lavoro, 300 audizioni, di cui circa 70 internazionali; ha costituito 12 gruppi di lavoro su temi specifici per ulteriori 50 sessioni di lavoro.

Analisi costi benefici. Con questa nuova configurazione l'analisi costi-benefici dell'opera diventa positiva, a differenza di quelle effettuate sul vecchio progetto da alcuni analisti indipendenti che, grazie alle loro analisi, convinsero il Governo (siamo nel 2006-2007) a riconsiderare in modo critico l'intervento. Il nuovo progetto, quello che partirà dopo la ratifica dell'accordo, porterà secondo le analisi fornite dal Certet – Università Bocconi benefici economici superiori ai costi a condizione che lo spostamento modale arrivi al 50 per cento, e cioè se si riesce a eliminare dalle strade circa 1,3 milioni di TIR l'anno. I principali beneficiari del progetto sono le collettività locali per i minori danni ambientali derivanti da inquinamento e congestione, i soggetti che pagano il trasporto delle merci (quindi le industrie, in particolare italiane e francesi) e i gestori ferroviari, mentre altri soggetti subiscono perdite, in particolare i gestori autostradali.

Promotore pubblico. La realizzazione dell'opera è affidata a una società di diritto pubblico francese, di cui sono azionisti paritari i due Stati. Anche qui emerge una netta differenza con il progetto iniziale, che era stato incardinato nella Legge Obiettivo e vedeva la realizzazione affidata a un *general contractor*. La Legge Obiettivo non c'è più, l'opera verrà realizzata all'interno di una regia pubblica. Un elemento molto qualificante dell'Accordo è che agli appalti di questa società viene applicata, anche sul lato francese, la normativa italiana delle informazioni antimafia, le regole cioè volte a evitare infiltrazioni della criminalità organizzata negli appalti pubblici (decreto legislativo 159 del 2011). La procedura è quella della costituzione di *white list* previa il controllo da parte delle autorità prefettizie, riunite in questo caso in una Struttura binazionale paritetica. Questa importante normativa è contenuta nel Regolamento dei contratti allegato al Protocollo addizionale.

Perché il promotore è di diritto francese? Alcuni eccepiscono sulla scelta societaria nell'ambito del diritto pubblico francese. La questione è molto interessante, poiché fa emergere il fatto che il diritto pubblico francese è più flessibile e aperto di quello italiano sulla configurazione delle società di proprietà pubblica che svolgono a loro volta attività pubbliche – nella gestione industriale di servizi, come ad esempio l'acqua, le case popolari, eccetera, ovvero, come nel nostro caso, nella costruzione e gestione di un'infrastruttura. In Italia, anche dopo il referendum del 2011 che ha ricondotto il paese nell'alveo delle regole comunitarie, restiamo fermi all'antica azienda speciale oppure alla Società per Azioni "in house". In Francia invece esistono sul piano giuridico forme societarie di emanazione pubblica che non sono SpA ma che superano i vincoli delle nostre aziende speciali. La mia opinione è che in questo campo la legislazione francese (e anche quella tedesca) sia più avanzata della nostra e che il promotore pubblico TELT sia più garantito nell'esercizio della sua missione, che ha natura gestionale-industriale ma che deve rigorosamente attenersi a una logica pubblicistica (e cioè senza profitti e senza contendibilità sul mercato dei capitali), di quanto potrebbe essere se il suo "vestito" societario venisse scelto nell'ambito del diritto italiano.

Saturazione. Un'altra critica "in punta di diritto" è stata avanzata sul fatto che un precedente Accordo italo-francese (del 2001) collegava la costruzione della nuova infrastruttura alla saturazione di quella esistente. Sul piano giuridico va ricordato che un successivo Accordo (del 2012), ratificato con legge n. 71 del 23 aprile 2014, ha sostituito quello del 2001. Sul piano sostanziale è più rilevante proporre una riflessione sul termine "saturazione" per un'infrastruttura obsoleta e fuori mercato, per la quale è impossibile intercettare la domanda. L'autostrada A10 è molto vicina alla saturazione in termini di carico, ma purtroppo lo storico collegamento ferroviario del Frejus non è un'alternativa. Dal punto di vista logico e analitico la saturazione non è indipendente dalla tecnologia: un prodotto obsoleto è semplicemente non più utilizzato perché la sua capacità di offerta si riduce, al confronto con i nuovi prodotti, verso lo zero. Se la domanda, che mettiamo a numeratore, tende a zero, e l'offerta, che mettiamo a denominatore, tende anch'essa a zero, diventa impossibile, e direi inutile, calcolare la saturazione. Alla luce dei dati tecnici che abbiamo acquisito agli atti, sembra sia proprio questa la situazione della storica infrastruttura ottocentesca del Frejus.

Normativa antimafia. Sulla questione delle normative antimafia, l'audizione del Coordinatore del Comitato di Coordinamento per l'Alta Sorveglianza delle Grandi Opere presso il Ministero degli Interni, Comitato di cui fanno parte tra gli altri Anac, Direzione Nazionale Antimafia, Direzione Centrale della Polizia Criminale e Direzione Investigativa Antimafia, che eserciterà le sue funzioni anche sulla Torino Lione, ha chiarito bene le norme e le procedure esistenti, migliorate da legislazione recente; ha messo in luce la loro incisività, anche al confronto con gli altri paesi europei, compresa la Francia; ha sottolineato che l'adozione di questo apparato di norme e procedure in uno Stato diverso dall'Italia costituisce un successo per il nostro paese; ha esposto l'unico punto, inevitabile, di difficoltà, collegato al segreto istruttorio sulle indagini penali in corso, che può generare il ritardo nell'adozione dei provvedimenti interdittivi fino a quando l'istruttoria non viene chiusa.

In punta di diritto. La Commissione ha registrato due altre critiche "in punta di diritto" in merito: a) alla gerarchia delle fonti fra Accordo, Protocollo addizionale e Regolamento dei contratti; b) all'effettiva applicabilità delle normative antimafia in Francia, anche in relazione alla questione precedente di gerarchia delle fonti. Riguardo al punto a) è bene ricordare che sia l'Accordo (art. 2) sia il Protocollo (art. 3) fanno esplicito riferimento ad un Regolamento dei contratti che il promotore pubblico dovrà adottare per contrastare le infiltrazioni mafiose. Pertanto il Regolamento allegato all'Accordo e al Protocollo è pienamente integrato con essi e anzi li completa e li rende, in termini tecnici, "auto-applicativi" (*self-executing*), evitando con ciò che gli Stati nazionali (in questo caso la Francia) debbano ricorrere, insieme alla ratifica, alla determinazione di ulteriori norme di legge di dettaglio.

Gerarchia delle fonti. Riguardo al punto b) è stato chiarito durante le audizioni che la ratifica dell'Accordo da parte del Parlamento equivale a norma di legge interna, e cioè che lo Stato francese con la ratifica "apre" il proprio ordinamento interno a norme che i giudici nazionali dovranno applicare, poiché così si è impegnato lo Stato sul piano dell'ordinamento internazionale. Dato che il Parlamento francese sta procedendo nell'iter legislativo della ratifica, per risolvere la questione basta andare a leggere cosa viene scritto su questo punto dagli uffici legislativi dell'*Assemblée Nationale* nel relativo dossier di documentazione parlamentare. Si può supporre infatti che il legislatore francese rappresenti il soggetto più appropriato per verificare la sussistenza di un conflitto fra norme con diversa gerarchia all'interno della giurisdizione francese, certamente più titolato a questo fine di alcuni commentatori italiani. È facile riscontrare che il Parlamento francese non evidenzia problemi di tipo legislativo, ovvero di gerarchia delle fonti. Sottolinea che la normativa antimafia di derivazione italiana è compatibile con le norme europee e nazionali sulla concorrenza e con le vigenti norme interne anti-corruzione e conclude con l'indicazione che l'unico atto necessario per l'attivazione del Regolamento dei contratti sui lavori della Torino Lione ai sensi dell'Accordo che si sta ratificando è un provvedimento amministrativo che designi il prefetto francese che, insieme al prefetto di Torino, possa costituire la struttura binazionale che eserciterà le competenze per le verifiche antimafia, l'accesso alla *white list* e gli eventuali provvedimenti interdittivi.

In conclusione, nello svolgimento del compito di relatore assegnatomi dalla Commissione affari esteri mi sembra di potere affermare che il vero punto fondamentale che porta alcuni partiti e movimenti politici a manifestare opposizione nei confronti del nuovo tunnel ferroviario del Moncenisio sia da collegarsi al mancato riconoscimento delle importanti modifiche che all'attuale progetto sono state apportate in confronto con quello iniziale.

Si tratta ovviamente di una posizione legittima, finché sostenuta all'interno delle regole della legalità e del confronto democratico, e tuttavia si tratta anche di una posizione che, paradossalmente, tende a non riconoscere che il movimento di opinione contrario alla Torino-Lione ha ottenuto risultati rilevanti, poiché ha in sostanza costretto il Governo ad accogliere molti elementi di critica e a ripensare il progetto iniziale, modificandolo in modo radicale. Basti solo pensare che i costi, fra vecchio e nuovo progetto, si sono quasi dimezzati. Sul piano politico questo andrebbe catalogato come un successo del movimento, e direi anche delle istituzioni. Questo successo però non viene apertamente rivendicato: al contrario la vicenda della riprogettazione della Torino-Lione a me sembra un segnale positivo di una dinamica feconda che si è innestata fra istituzioni e società civile nel nostro paese. Dinamica che, non casualmente, ha generato una progressiva contrazione delle basi di consenso dell'originario movimento contrario all'opera. Quello che è rimasto in campo sembra ormai riconducibile, da un lato, a posizionamenti di natura prettamente politicistica, e dall'altro lato alle frange estremistiche e para-terroristiche dei professionisti internazionali del sabotaggio.

Raccomando una rapida conclusione dell'esame di questo provvedimento, nel testo che ci è stato consegnato dal Senato. Ricordo di nuovo che nei prossimi giorni anche il Parlamento francese sarà impegnato nell'analoga ratifica. Si tratta quindi di confermare gli impegni assunti dall'Italia, con motivazioni che non sono soltanto reputazionali ma hanno radice negli obiettivi perseguiti dal progetto di investimento transnazionale che è all'oggetto dell'Accordo, e che riguardano l'abbattimento della produzione di CO_2, la tutela ambientale delle montagne alpine, lo sviluppo economico delle regioni coinvolte ma anche – vista la rilevanza dei flussi di merci in transito – dell'intera economia nazionale, la diffusione internazionale delle norme italiane per il contrasto alle infiltrazioni nell'economia da parte delle organizzazioni criminali e mafiose.

L'interscambio merci che transita fra Italia e Francia è di oltre 50 milioni di tonnellate all'anno e comprende, oltre ai flussi fra i due paesi, quelli diretti da e verso la penisola iberica e la Gran Bretagna, per un valore totale di circa 150 miliardi. Stiamo parlando di un'area che rappresenta il 17 per cento del PIL dell'intera Unione. Questo spiega bene le ragioni per le quali l'Europa, per una volta non dimenticando il Libro Bianco di Jacques Delors, che parlava delle reti infrastrutturali come strumento di realizzazione dell'Unione, arterie attraverso cui far scorrere i rapporti all'interno del Continente, ha assegnato un contributo così elevato, del 40 per cento, al nuovo tunnel ferroviario del Moncenisio. Spiega perché, in assenza di questo corridoio, i già precari equilibri europei potrebbero spostarsi sempre più a nord del Mediterraneo, anche utilizzando i nuovi corridoi svizzeri, con conseguenze negative non solo per i Paesi del Sud ma per l'intera Europa. Condannando altresì l'Italia nord-occidentale a un futuro solo ed esclusivamente autostradale e a una sostanziale marginalità rispetto al sistema europeo di infrastrutture moderne.

Spiega altrettanto bene le ragioni che portarono il piccolo, ma progredito, Stato del Piemonte e il giovane Stato unitario italiano a realizzare il tunnel del Frejus, sobbarcandosene quasi interamente le spese (a differenza di oggi con il Moncenisio). Quel tunnel, dopo 145 anni, è obsoleto sul piano tecnologico e va sostituito con una nuova infrastruttura adatta agli standard moderni del trasporto ferroviario per merci e passeggeri. Ma fu allora, ed è rimasto per più di cento anni, non solo un'opera che ha aiutato lo sviluppo del paese ma anche il simbolo della visione che Cavour, che lo promosse e non poté vederlo realizzato, volle dare sulla nuova Italia finalmente riunificata: un paese deciso a mettere fine alla precedente storia di chiusura, provincialismo, arretratezza economica, sociale e culturale, perduranti conflitti intestini, e desideroso invece di aprirsi alla libertà, agli scambi culturali e commerciali, all'innovazione economica e sociale, all'Europa, alla modernità, al progresso tecnologico.

Altre volte nella storia l'Italia si è trovata in bilico di fronte al medesimo bivio. Da un lato le sirene del ripiegamento provincialistico provocato dalle paure e dalla crisi sociale, il sogno di un'Italietta che tira a campare chiudendo le frontiere, magari rinunciando a qualche diritto, a qualche tutela democratica. Dall'altro lato la difficile ricerca di un ruolo dell'Italia dentro un mondo che cambia e propone nuove sfide, le quali vanno affrontate con intelligenza e lungimiranza, avendo cura di riparare le ferite della crisi sul corpo sociale del paese.

La coesione sociale però non va messa in contrapposizione con gli investimenti, l'innovazione tecnologica, l'ammodernamento delle reti infrastrutturali e neppure con i valori fondanti della democrazia repubblicana, come la tolleranza, la difesa della legalità, il contrasto della criminalità organizzata. Coesione sociale e sviluppo sostenibile marciano insieme, non sono alternativi. Ciò è vero in particolare per un paese come l'Italia, il cui attivo di bilancia corrente dei pagamenti è secondo in Europa alla sola Germania. Il che significa che milioni e milioni di posti di lavoro dipendono dal commercio internazionale, e soprattutto da quello intraeuropeo. È per questo che l'Italia ha un essenziale bisogno che il movimento internazionale delle merci generato dalla sua economia possa continuare e possa crescere attraverso infrastrutture di trasporto adeguate e moderne, smettendo di generare i pesanti impatti ambientali e gli elevati costi economici oggi prodotti dai milioni di TIR che transitano alle frontiere, soprattutto sulla direttrice Italia-Francia.

Con l'Italia nuovamente di fronte al bivio, è nostro compito adesso scegliere la strada giusta.

Il nuovo *golden power* per la difesa degli interessi strategici del paese[2]

Il decreto relativo ai "poteri speciali" dello Stato sugli assetti societari delle imprese operanti in settori strategici e d'interesse nazionale contiene una riforma del DL n. 332/1994. Era stata lì definita – nel momento in cui si dava inizio al processo delle privatizzazioni – la *golden share* che lo Stato manteneva a sè stesso nelle imprese pubbliche collocate sul mercato. La filosofia sottesa all'esercizio di quei poteri – di tipo autorizzatorio e discrezionale e con un ambito di tipo soggettivo (le imprese ex pubbliche) – si è scontrata con la giurisprudenza comunitaria e ha attivato procedure di infrazione non solo per l'Italia ma anche per altri paesi, come la Francia e la Germania. Con la riscrittura dei "poteri speciali" l'Italia

[2] Relazione all'aula sul decreto 21/2012, contenente norme in materia di poteri speciali sugli assetti societari nei settori della difesa e della sicurezza nazionale, nonché per le attività di rilevanza strategica nei settori dell'energia, dei trasporti e delle comunicazioni. Montecitorio, 11 aprile 2012.

punta a chiudere quel procedimento di infrazione e a proporre alla Commissione Europea un approccio innovativo, il quale aspira a diventare *benchmark* all'interno dell'Unione.

Il potere speciale, il *golden power* che lo Stato mantiene a sé stesso, nasce da una nuova filosofia: sarà di tipo oppositivo e prescrittivo, e solo in ultima istanza interdittivo, e avrà un ambito di applicazione di tipo oggettivo. Si applicherà cioè a tutte le società – e non soltanto a quelle partecipate dallo Stato o da altri enti pubblici – operanti nei settori strategici della difesa e sicurezza nazionale nonché a quelle che possiedono attività (*asset*) di rilevanza strategica nei settori dell'energia, dei trasporti, delle comunicazioni. Le attività di rilevanza strategica sono definite come "le reti e gli impianti, ivi compresi quelli necessari ad assicurare l'approvvigionamento minimo e l'operatività dei servizi pubblici essenziali, i beni e i rapporti di rilevanza strategica per l'interesse nazionale". Il riferimento alla categoria dei "servizi pubblici essenziali" è una delle più significative modifiche introdotte durante i lavori in Commissione.

Il *golden power*, quindi, è più *soft* della *golden share*, ma ha un ambito applicativo potenzialmente più vasto. I perimetri degli oggetti di rilevanza strategica verranno definiti da appositi Dpcm per il settore difesa e sicurezza e regolamenti per gli altri settori. Gli atti societari che hanno una potenziale incidenza sulle attività strategiche andranno notificati al governo. Il governo dovrà valutare la sussistenza di "minaccia di grave pregiudizio" per gli interessi essenziali della difesa e della sicurezza nazionale ovvero, negli altri settori, per gli interessi pubblici relativi al funzionamento delle reti e degli impianti e alla continuità degli approvvigionamenti.

Nel valutare le potenziali minacce il governo dovrà rispettare i principi di proporzionalità e ragionevolezza e potrà intervenire con tre armi di crescente potenza: condizioni prescrittive all'acquisto di partecipazioni, veto all'adozione di delibere da parte degli organi societari, opposizione all'acquisto di partecipazioni. La terza arma, l'opposizione all'acquisto, si può innescare contro qualsiasi soggetto nel settore della difesa e sicurezza nazionale, mentre negli altri settori è applicabile solo a soggetti esterni all'Unione Europea, nel rispetto degli accordi internazionali vigenti. Contro l'esercizio del potere speciale del governo è possibile opporsi, e il decreto dispone che i processi di merito si svolgano con rito abbreviato nella giurisdizione esclusiva del Tar Lazio. Vengono, infine, stabilite sanzioni di tipo pecuniario e di nullità degli atti per i soggetti che non dovessero ottemperare alle decisioni governative.

Per dare una valutazione politica del percorso che il decreto apre, è bene ricordare che l'Unione Europea non vieta l'esistenza di imprese pubbliche. Chiede però che il mercato dei capitali sia libero, e quindi che imprese a partecipazione pubblica collocate sul mercato dei capitali non siano soggette a poteri di tipo discrezionale e imprevedibile. Lo Stato può mantenere un *golden power*, ma lo deve fare in relazione a interessi nazionali e con forme "adeguate e proporzionali" alle minacce. Nel corso delle audizioni presso le Commissioni bilancio e finanze della Camera, le principali imprese a controllo pubblico coinvolte dalla riforma (Eni, Enel, Terna e Finmeccanica, oltre a Telecom, la quale non è a controllo pubblico ma possiede importanti *asset* strategici) hanno manifestato adesione e condivisione del nuovo modello di poteri speciali, esprimendo semmai qualche preoccupazione per la complessa gestione degli adempimenti che la riforma impone: la perimetrazione delle attività strategiche dovrà adottare metodologie che tengano conto delle specificità tecnologiche dei diversi settori; il governo dovrà bene organizzarsi al suo interno per gestire un'ingente mole di informazioni di cui, tramite le notifiche, verrà a disporre. Queste preoccupazioni sono state condivise dalle Commissioni referenti e dal governo, sono alla base di alcuni ordini del giorno che dettano indirizzi per i futuri decreti e regolamenti attuativi e hanno dato spunto a modifiche del testo iniziale. In particolare, si è stabilito che le disposizioni attuative comprendano, attraverso i previsti regolamenti e previo parere delle Commissioni parlamentari competenti, anche la definizione delle modalità organizzative per lo svolgimento delle attività propedeutiche all'esercizio dei poteri speciali, e altresì definiscano le tipologie di atti o operazioni infragruppo ai quali non si dovrà applicare l'obbligo di notifica.

I Trattati europei, in ogni caso, non si oppongono alla discesa in campo dello Stato tramite strumenti di diretta proprietà. Resta possibile, ad esempio, utilizzare la Cassa Depositi e Prestiti e i suoi Fondi per interventi nell'economia, anche attraverso la partecipazione al capitale d'impresa. Per un'eventuale difesa di un'impresa pubblica da una scalata ostile resta ferma la disciplina della *poison pill*, introdotta nel 2006. Restano altresì ferme le disposizioni del 1994 che permettono di introdurre limiti statutari all'esercizio del diritto di voto, ovvero al possesso azionario, per le società operanti nei settori strategici e negli "altri pubblici servizi" (una categoria non menzionata nelle norme del 1994 e introdotta con modifica intervenuta in sede referente). Resta infine allo Stato l'azione di *moral suasion* e di indirizzo.

Con i nuovi poteri speciali, allora, non si sta smantellando l'intervento pubblico nell'economia. Lo si sta riscrivendo dentro regole, compatibili con l'Europa, che ne cambiano la natura: l'esercizio del *golden power*, e quindi la possibilità di limitare la libera circolazione dei capitali, deve essere ben motivato, opponibile in sede giurisdizionale, limitato ai settori dove esistano interessi strategici di rilevanza nazionale. Se un'infrastruttura giuridica che riduce la discrezionalità degli interventi dei governi pro tempore è in grado di aumentare il grado di certezza da parte degli investitori, si può anche lanciare il cuore oltre l'ansia della presente fase critica e sperare che questa riforma, insieme alle altre che il governo Monti sta portando avanti, consenta al nostro paese di recuperare fiducia e attrattività nei confronti degli investitori internazionali. Di cui abbiamo, in verità, tanto bisogno, alla luce della strutturale debolezza patrimoniale delle nostre imprese, comprese quelle di più grande dimensione.

Se altri paesi in Europa ci sembrano più capaci del nostro nella difesa delle attività strategiche, questo è meno il risultato delle norme vigenti in tema di poteri speciali e più, invece, un risultato di sistema, a cui concorrono la struttura finanziaria, quella patrimoniale, quella tecnologica di un capitalismo italiano che non ha superato alcune storiche fragilità. E non è certo il nazionalismo economico la ricetta adeguata a riportare l'Italia sul sentiero della crescita, visto che restiamo la seconda economia europea per volume di export manifatturiero, e visto che non ci mancano, per fortuna, importanti esempi di successo nel campo dell'internazionalizzazione di medie e grandi imprese. Uno Stato più forte non è necessariamente uno Stato più invasivo – e anzi, alcune esperienze recenti di Stato invasivo nelle decisioni sulla struttura proprietaria delle imprese non sono da tutti considerate un buon esempio, vedi il caso Alitalia. Uno Stato più forte è uno Stato in grado di gestire informazioni, decisioni e potere per le questioni di rilevanza strategica per il futuro del paese, mettendo in azione un'ampia gamma di strumenti, e restando dentro le regole della democrazia, della trasparenza, dell'assenza del conflitto d'interessi.

Una finanza per gli anziani: il prestito vitalizio ipotecario può funzionare[3]

Una nuova legge rende più facile e conveniente il finanziamento alle persone anziane con garanzia ipotecaria sulla casa di proprietà, quello che nei paesi anglosassoni è conosciuto come *reverse mortgage*. La misura non

[3] Lavoce.info, 4 giugno 2015. Coautore Antonio MIsiani.

ha obiettivi macroeconomici né sociali, ma di completezza dei mercati: si rende disponibile anche in Italia un particolare contratto finanziario che finora non si era diffuso per difetti di regolazione.

Negli Stati Uniti e nel Regno Unito il *reverse mortgage* (mutuo inverso) è lo strumento più importante per soddisfare i fabbisogni di liquidità della popolazione anziana proprietaria di una casa. In Italia, invece, per gli anziani "non bancabili" l'unica possibilità è la vendita della nuda proprietà. Il mancato decollo del prestito vitalizio ipotecario (Pvi) nel nostro paese dipende anzitutto dai limiti delle norme introdotte nel 2005.

Rafforzare le garanzie. La legge 44 del 2015, in vigore da poche settimane, supera questi difetti. La legge ha raccolto le proposte avanzate insieme da Abi e 11 associazioni di consumatori e utenti ed è arrivata in Gazzetta Ufficiale grazie all'iniziativa del Parlamento. La strada seguita è rafforzare le garanzie per tutte le parti in gioco: i soggetti finanziati, i loro eredi, i terzi acquirenti e le banche.

Le garanzie per i soggetti finanziati riguardano le modalità di offerta del Pvi (che saranno definite in un regolamento emanato dal ministero dello Sviluppo economico) e la facoltà, prima non prevista, di concordare un rimborso graduale del prestito e/o degli interessi per evitare la capitalizzazione di questi ultimi.

In più, gli oneri fiscali vengono nettamente ridotti estendendo al Pvi l'imposta sostitutiva prevista per il credito a medio-lungo termine, un beneficio che non esisteva nelle norme del 2005.

Gli eredi, a loro volta, sono garantiti da una procedura di rimborso con regole certe e trasparenti: in accordo con il finanziatore, possono vendere l'immobile entro 12 mesi dal conferimento del bene. In alternativa, la banca vende l'immobile a valori di mercato previa perizia indipendente e, trascorsi invano 12 mesi, decurta il valore del 15 per cento ogni 12 mesi fino alla vendita. Il debito residuo che gli eredi devono restituire non può superare il valore di vendita dell'immobile. Questa stessa procedura garantisce le banche rispetto alla possibilità di alienare l'immobile ipotecato a garanzia del prestito in tempi certi e con regole che minimizzano la possibilità di contenziosi. Sui terzi acquirenti, infine, non hanno effetto le domande giudiziali opponibili alla vendita.

Un problema di convenienza. Quando le banche avranno predisposto le offerte contrattuali, per soddisfare le esigenze di liquidità delle persone anziane proprietarie di immobili ci sarà anche in Italia un'alternativa alla vendita della nuda proprietà. Un'operazione, questa, che ha molti limiti: la perdita della proprietà dell'immobile, che con il Pvi invece gli eredi possono scegliere di mantenere; la penalizzazione degli anziani con speranza di vita inferiore alla media; la scarsa trasparenza del mercato. Le banche, naturalmente, dovranno rendere competitivo il nuovo strumento. E l'attrattività del finanziamento, ma anche questo è naturale, sarà più elevata per le persone più avanti nell'età.

Raffaele Lungarella (su lavoce.info) prende in esame un contratto di Pvi oggi sul mercato e ne fa notare la scarsa convenienza per il prenditore di fondi. Ma si tratta di un contratto dentro le vecchie regole, che appunto non hanno funzionato. Afferma inoltre che il Pvi non potrà rilanciare la domanda interna: ma la legge non ha un obiettivo così ambizioso sul piano macroeconomico, così come non persegue finalità di politica sociale. Si vuole piuttosto rimediare a una incompletezza del paniere di contratti finanziari disponibili nel nostro paese.

Ci permettiamo di essere più ottimisti di Lungarella. Con la nuova legge ci sono tutte le condizioni, quanto meno dal punto di vista normativo, perché il Pvi prenda piede anche in Italia. E attraverso questo canale le banche potranno fare affluire un po' delle risorse che stanno rastrellando grazie al *Quantitative easing* della Bce. In effetti, nel primo trimestre del 2015 le nuove erogazioni di mutui per l'acquisto di immobili sono aumentate del 50,4 per cento rispetto allo stesso periodo del 2014. Segno che il cavallo ricomincia a bere e che è conveniente per le banche riempire l'abbeveratoio con l'acqua fornita da Mario Draghi. Nulla più impedisce che una parte di questa acqua arrivi non sotto forma di mutui "diretti", in prevalenza destinati ai più giovani, ma nella veste di mutui "inversi", destinati ai più anziani.

Aumento dei buoni pasto per i dipendenti: una riforma che porta aumento dei consumi e riduzione dell'evasione[4]

La legge di stabilità per il 2015 ha aumentato a 7 euro la deducibilità fiscale dei buoni pasto giornalieri che le imprese corrispondono ai lavoratori, accogliendo una proposta di emendamento promossa dal gruppo Pd della Commissione finanze di Montecitorio, a mia prima firma.

---

[4] www.marcocausi.it, 9 settembre 2014 e 25 novembre 2014.

Si tratta di un intervento che porterà con certezza più consumi e meno evasione fiscale. La soglia esentasse dei buoni pasto era ferma da quindici anni a 5,29 euro. L'aumento di 1,71 euro al giorno equivale a circa 400 euro l'anno in più di reddito netto disponibile per la spesa alimentare di ogni lavoratore beneficiario. Si tratta di 2,3 milioni di lavoratori, e quindi di una misura che si intreccia in modo coerente con l'obiettivo prioritario del Governo di sostenere la domanda interna di consumi. Le stime indicano un aumento potenziale di 500 milioni dei consumi alimentari con un impatto positivo, anche sul piano occupazionale, per il settore del commercio e dei pubblici esercizi.

Va poi sottolineato che l'aumento vale solo per i buoni pasto forniti tramite i ticket elettronici. Questa scelta comporta l'eliminazione di alcune aree di elusione ed evasione collegate ai tradizionali ticket cartacei. Si può stimare che la riduzione dell'evasione Iva, Ires e Irap sulla spesa aggiuntiva attivata da questo intervento potrà fare emergere circa 24 milioni di euro di gettito aggiuntivo, innestando così un vero e proprio circolo virtuoso fra aumento dei consumi e aumento del gettito fiscale e compensando nel tempo il costo immediato della misura a carico delle pubbliche finanze, stimato in circa 36 milioni.

Iva su e-book abbassata al 4 per cento: una vittoria italiana in Europa[5]

La Commissione Europea ha deciso che l'Iva sui libri digitali venga abbassata dall'attuale 22 per cento al 4 per cento, lo stesso livello gravante sui libri cartacei. È il contenuto culturale che conta, insomma, non il supporto che lo veicola. Un libro è un libro, a prescindere se sia stampato su carta o scorra su un tablet. E lo stesso dicasi per un giornale. L'Iva ridotta applicata ai primi può quindi essere applicata anche ai secondi.

Questa novità era stata adottata in Italia l'anno scorso, inserita nella legge di stabilità 2015 con un emendamento proposto dai componenti Pd delle Commissioni finanze e cultura di Montecitorio, con la mia prima firma.

Insomma, una vera soddisfazione: il lavoro parlamentare ne è spesso avaro, ma in questo caso l'Italia ha vinto una battaglia importante in Europa, una battaglia avviata da un emendamento parlamentare e condotta poi con successo nelle sedi comunitarie dal Ministro Franceschini.

---

[5] www.marcocausi.it, 9 dicembre 2016.

Colosseo: perché il Parco è da difendere[6]

Passeggiando sui Fori Imperiali verso il Colosseo tutti i romani sanno che c'è archeologia sia a destra che a sinistra. Forse non tutti i romani sanno che l'archeologia sulla destra – insieme al Colosseo – è gestita dallo Stato, quella sulla sinistra dal Campidoglio. I turisti lo sanno bene: devono pagare due biglietti dopo due file talvolta snervanti. Penso che in molti (italiani, stranieri e anche romani in visita ai beni culturali della loro città) si domandino il perché di questa stranezza, una vera assurdità. In altre città non è così: esistono biglietti integrati, stabili accordi di collaborazione fra Stato e Comuni.

A Roma la convivenza è sempre stata difficile. Solo a Roma una Soprintendenza comunale ai beni culturali si affianca alle Soprintendenze statali. Nel secondo decreto per Roma Capitale (2012) venne creata la "Conferenza delle Soprintendenze". Il progetto principale era un Consorzio fra Stato e Comune per la gestione integrata delle aree archeologiche centrali. Sono stato relatore in Parlamento del decreto e nel 2015 sono stato testimone del suo fallimento. La chiusura venne dalle strutture comunali, a fronte di aperture di quelle ministeriali.

Oggi lo Stato ha deciso di rinnovare la gestione del "pezzo" di archeologia romana di sua diretta competenza e il Comune ha deciso di opporsi a questa riforma, già applicata con successo in tante parti d'Italia (la Reggia di Caserta valga come esempio). Il mio commento sarebbe: nulla di nuovo sotto il sole. Roma però non è una città qualsiasi. La riforma Franceschini deve superare a Roma la vera prova del fuoco.

Tutela dei beni culturali e loro gestione sono missioni diverse, in particolare se la gestione riguarda attrattori con milioni di visite l'anno. La gestione richiede organizzazione, tecnologie e professionalità specifiche. Si è cominciato con le Soprintendenze autonome (riforma Veltroni del 1998). Oggi si creano nuove entità che hanno la gestione come missione principale. Fra queste il Parco archeologico del Colosseo. È un passo avanti, così come la scelta dei direttori tramite bandi internazionali.

Dov'è il problema? La conservazione del patrimonio a Roma esprime fabbisogni ingenti. La Soprintendenza "multifunzione" del 1998 li ha garantiti con le entrate di gestione dei siti. La separazione fra le due entità genera incertezza. Bene ha fatto il ministro a dichiarare che nulla cambierà. Meglio ancora si potrebbe fare scrivendo norme più cogenti sia nel decreto istitutivo

[6] Corriere della Sera, 24 aprile 2017.

del Parco sia in quello che dovrà definire la nuova Soprintendenza speciale dedicata a tutela, restauro, conservazione.

I modelli di gestione sono molto diversi fra Stato e Comune. Passeggiando sui Fori verso il Colosseo, a destra i servizi aggiuntivi sono affidati con gara a soggetti industriali di livello nazionale, a sinistra senza gara a una municipalizzata del Comune. Non credo che il Comune possa affermare che il suo modello sia più efficiente/efficace. E neppure lo Stato: non è mai stato effettuato un confronto fra i due modelli. Quando smetteranno di litigare, Stato e Comune dovrebbero affidare uno studio su questo punto a un soggetto indipendente che goda della fiducia di entrambi.

I musei diventano servizi essenziali: un'occasione da non sprecare[7]

Il decreto "Colosseo" del Governo Renzi riapre un'importante partita, in modo assolutamente positivo. È una straordinaria occasione, da non sprecare. Il Parlamento deve valutare fino in fondo la possibilità di ampliare il decreto muovendosi verso una piena introduzione dei servizi legati alla fruibilità e all'accessibilità al patrimonio culturale nell'ambito dei servizi pubblici essenziali.

Nel 2009, durante la discussione della legge sul federalismo fiscale, ci fu battaglia in Parlamento su questo punto, e credo che Dario Franceschini la ricordi bene. Il Pd proponeva di considerare i servizi culturali come servizi essenziali e di inserirli fra le funzioni fondamentali degli enti locali. Nel Governo e nella maggioranza di centrodestra prevaleva la tesi che "con la cultura non si mangia" e fummo sconfitti.

La questione non è banale. L'istruzione di base è obbligatoria per legge, ma nessuno può obbligare un libero cittadino a visitare un museo piuttosto che, ad esempio, andare allo stadio. Il servizio sanitario è per necessità utilizzato da tutti, ma soltanto il 26 per cento degli italiani entra in un museo o in una mostra d'arte almeno una volta l'anno. A ben pensarci, i servizi che garantiscono la fruibilità dei beni culturali hanno una natura diversa da quelli che offrono istruzione e sanità. Ma sono forse per questo meno "essenziali", e quindi da collocare su un gradino di priorità inferiore nelle scelte pubbliche? La risposta è no: si tratta di attività che si svolgono all'interno

[7] Corriere della Sera, 21 settembre 2015.

(e nell'intorno) di beni la cui natura pubblica è indiscutibile (musei, aree archeologiche, monumenti, biblioteche, ecc.); l'apertura al pubblico, la buona gestione, la capacità e la qualità dell'accoglienza in questi beni genera effetti esterni di enorme rilevanza: per il turismo, certamente – soprattutto nelle città come Roma, e altre in Italia, che sono attrattori mondiali e in cui la quota del Pil prodotta da turismo e cultura è di poco inferiore al 10 per cento – ma anche per il mantenimento e l'accrescimento del capitale umano del paese – una cosa che non si misura con il Pil, ma che è altrettanto importante per lo sviluppo economico e la coesione sociale.

La conclusione è che i servizi culturali andrebbero inseriti nell'intero apparato normativo e regolativo dei servizi essenziali, non soltanto in quella parte che ne stabilisce in modo speciale le relazioni industriali e le forme del conflitto sindacale. Per i servizi essenziali la legge statale deve stabilire standard quali e quantitativi da applicare sull'intero territorio nazionale (anche le Regioni speciali non possono sfuggire). Si devono valutare costi e fabbisogni con metodi trasparenti (i famosi costi e fabbisogni standard, oggi in vigore nella sanità e in tutte le funzioni fondamentali dei Comuni). La finanza pubblica deve garantirne la copertura, all'interno di assetti organizzativi efficienti, in tutti i suoi livelli, Stato, Regioni e Comuni. Estendere questo tipo di regole ai servizi per i beni culturali – declinandole con analisi e valutazioni tecniche che tengano conto delle specificità del settore – potrebbe finalmente portare una salutare rivoluzione gestionale.

Potrebbe garantire un grado di priorità nelle scelte pubbliche, anche finanziarie, che da vent'anni il settore rivendica, senza che però queste rivendicazioni siano mai andate oltre la consueta lamentela sulla scarsità di risorse. E cioè senza che il settore – fatte salve, come sempre, alcune importanti eccezioni – sia stato in grado di (oppure costretto a) produrre proposte di innovazione basate sui criteri della trasparenza, dell'efficienza e della qualità dei servizi verso l'utenza.

Acqua, due sì. Poi riscriviamo le regole[8]

La riforma dei servizi pubblici locali approvata a colpi di voti di fiducia fra il 2008 e il 2009 è, allo stesso tempo, pericolosa e carente. Il pericolo è una spinta non controllata in direzione di privatizzazioni senza

[8] Europa, 9 giugno 2011.

liberalizzazioni. La carenza è l'assenza di un quadro di regolazione forte, affidato alle cure di vere Autorità indipendenti, e innovativo, in grado di modernizzare le regole stabilite durante gli anni '90 e ormai obsolete, come ad esempio quelle per la determinazione delle tariffe.

Abrogare l'articolo 23 bis, con un "sì" convinto a quelli che nella discussione di questi giorni vengono identificati come i "referendum sull'acqua", permetterà al Parlamento di lavorare su una vera riforma che non soltanto elimini i pericoli di quella varata dal centro-destra, ma inoltre ampli il campo di intervento e permetta al paese di superare alcuni ritardi storici accumulati ormai da decenni in settori essenziali per la salvaguardia dei beni comuni e per lo sviluppo. Attenzione: un simile lavoro andrà comunque messo in campo anche nel caso di fallimento dei referendum. Anche chi, fra i riformisti, è più scettico o addirittura contrario sull'utilità del "sì", afferma che è comunque necessario completare e integrare la riforma, nelle direzioni e nei contenuti che vengono qui auspicati.

E quindi: in ogni caso, dopo i referendum, c'è molto lavoro da fare per riscrivere, ovvero per completare e integrare, queste norme un po' sgangherate partorite nel triennio del "berlusconismo senza riforme" di cui il paese sembra essersi finalmente stancato.

Pericoli. La pericolosità della riforma emerge innanzitutto nelle norme che obbligano le società pubbliche non quotate concessionarie di servizi pubblici a far spazio a soci privati: un obbligo non richiesto dall'Europa, tanto che nessun cittadino di Berlino o di Parigi si stupisce delle gestioni *in house* delle reti metropolitane o ferroviarie, piuttosto che di quelle idriche. In Europa per i monopoli pubblici locali vige il principio della libertà di scelta da parte delle collettività locali. Può ben darsi che esistano gestioni pubbliche inefficienti, a cui è bene dare una sferzata con l'ingresso di soci privati. Ma può ben darsi anche il caso opposto, di gestioni pubbliche efficienti, per le quali è inutile, se non dannosa, l'obbligatorietà del passaggio a società miste. La scelta, insomma, va rimessa caso per caso nelle mani delle collettività locali e delle loro istituzioni democratiche.

Ancora più pericolosa è la norma che "incentiva" la privatizzazione delle società degli enti locali quotate in borsa. Il meccanismo funziona così: se gli enti pubblici mantengono il 51% delle azioni di queste società, allora esse perdono le concessioni di pubblico servizio, che vengono messe in gara; se invece gli enti pubblici scendono sotto il 51%, allora le concessioni restano indisturbate fino alle scadenze previste nei contratti vigenti.

In questo secondo caso si realizza il peggiore dei mondi possibili: quello di una privatizzazione senza liberalizzazione. La società privatizzata resta concessionaria senza passare per un vaglio competitivo. Il tutto in assenza di Autorità nazionali indipendenti di regolazione, in grado di verificare costi e tariffe e di garantire il cittadino-utente, oltre che lo stesso ente locale. La possibilità che si realizzi un simile scenario fa venire i brividi alla schiena, soprattutto nei settori in cui le concessioni sono relative a veri e propri monopoli naturali (come gli acquedotti o le reti ferroviarie e metropolitane).

Un esempio dalla Capitale. Un esempio illuminante è quello romano, dove Acea è concessionaria non solo del servizio idrico integrato (distribuzione, depurazione, fognature), ma anche delle attività di captazione e derivazione dei grandi acquedotti che servono l'area metropolitana della Capitale. Se Acea venisse privatizzata manterrebbe dentro la sua "pancia", senza gara, tutte queste concessioni fino alla loro attuale scadenza del 2026. La rendita monopolistica delle concessioni in essere, salvate grazie alla privatizzazione, si trasler à a vantaggio dei compratori delle azioni pubbliche, che il Comune potrà scegliere, come recita la legge da abrogare, con procedure di "collocamento privato presso investitori qualificati e operatori industriali".

A ciò si aggiunga che, nel caso romano, questi acquirenti sembrano avere già un nome, un cognome e una ragione sociale. Già oggi Acea sembra controllata più da uno dei soci di minoranza che non dal socio pubblico maggioritario, come conseguenza della incapacità dell'attuale Giunta comunale di esercitare in modo decente il ruolo di azionista: un'incapacità che è stata dimostrata negli ultimi anni, e non solo in Acea, al di là di ogni ragionevole dubbio.

A ben pensarci però, di fronte ai quesiti referendari, il punto rilevante non è neppure questo. Certo, è utile ricordare che in un passato neppure troppo lontano il Comune è stato un azionista molto più attento e giudizioso, da un lato nel presidiare il valore pubblico della partecipazione in Acea e dall'altro lato nel contenere le invasioni di campo della politica sulla gestione aziendale. Ma quando si prendono decisioni irreversibili in materie così delicate come le infrastrutture idriche non ci si può limitare a giudizi di tipo congiunturale. Bisogna pensare agli scenari di lungo periodo.

E se il problema delle gestioni pubbliche in Italia viene riportato all'incapacità della politica di occuparsene in modo trasparente e rigoroso, allora la risposta non va cercata nella privatizzazione, ma nell'introduzione di norme che "allontanino" la politica dalla gestione (come avviene negli

Stati Uniti o in Gran Bretagna), oltre che, naturalmente, nel tentativo di affermare una "buona" politica che riesca a imporsi su quella "cattiva".

Carenze. C'è da domandarsi perché il Governo Berlusconi abbia voluto queste norme per i servizi locali, ma abbia invece salvato tutti i concessionari nazionali e le relative imprese a partecipazione statale: dalla riforma sono infatti esclusi i trasporti regionali (Trenitalia) e la distribuzione del gas (Eni). Se si sposa l'obiettivo della privatizzazione, esso dovrebbe valere per tutti, e non per i soli enti locali. In ogni caso tutte le esperienze internazionali, compresa quella italiana degli anni '90, insegnano che è estremamente pericoloso privatizzare senza liberalizzare, e soprattutto privatizzare senza costruire un adeguato contro-potere pubblico di regolazione sotto forma di Autorità indipendenti. Valga per tutti il caso italiano, di successo, dell'elettricità e dell'Autorità ad essa preposta in seguito alle privatizzazioni e liberalizzazioni degli anni '90.

Nel caso dei servizi pubblici locali le Autorità dovrebbero configurarsi in termini federali e avere una "*governance*" condivisa fra Stato, Regioni e autonomie. Questo fondamentale tassello è assente nella riforma del centro-destra, un'assenza solo parzialmente colmata dalla proposta, contenuta nel decreto sviluppo, di istituzione di un'Agenzia, che viene configurata come ufficio autonomo, ma non ha carattere federale, resta sotto il controllo di un Ministero e non esercita poteri normativi, ispettivi e sanzionatori tipici delle Autorità.

Tariffa idrica. Infine, la questione della tariffa idrica. Non è un segreto che ai riformisti il secondo quesito referendario piace meno del primo. Chi scrive queste righe, ad esempio, ha firmato e partecipato alla campagna solo per il primo e non per il secondo fra i referendum sull'acqua. L'opzione di differenziare il voto è plausibile sul piano personale, meno su quello politico: intorno alle questioni dell'acqua e del nucleare è emersa una vera sensibilità popolare, non riconducibile a schemi di "estremismo", ma di vera e propria indignazione verso una stagione politica dominata dai conflitti d'interesse e dall'utilizzo a fini privati delle istituzioni. Se è questa l'onda del popolo sovrano, non saranno certo i distinguo e i tecnicismi accademici a modificarla.

E tuttavia sulla questione bisogna dare, responsabilmente, un giudizio equilibrato. Non è per nulla convincente l'approccio ideologico che annette al secondo quesito una valenza "anti-capitalistica": gli investimenti vanno fatti e vanno finanziati, e tutto ciò ha un costo che è socialmente efficiente coprire con una "buona" tariffa. Ma, dall'altro lato, non bisogna neanche esagerare le possibili implicazioni negative dell'approvazione del secondo quesito. L'eliminazione della "adeguata remunerazione del capitale investito" non cancella il principio, stabilito nella stessa legge da cui verrebbe tolta una riga, in base al quale la tariffa deve garantire la copertura dei costi, comprensivi degli investimenti.

Dire che la tariffa deve coprire gli investimenti significa che, in ogni caso, il costo del capitale dovrà essere coperto. E se, in parte, questo capitale fosse capitale di rischio, anch'esso potrebbe, nella futura tariffa post-referendaria, essere coperto remunerando opportunamente la gestione industriale. Questi principi sono contenuti nella proposta di legge sull'acqua depositata dal Partito Democratico.

Non è vero allora che, in caso di vittoria dei "sì", diventerà impossibile finanziare gli ingenti investimenti necessari al comparto. Andrà, semplicemente, scritta nuovamente la norma tariffaria, riportandola ai parametri del costo dell'investimento e della remunerazione della gestione industriale, evitando così che la tariffa possa concedere ai gestori "extra-profitti", e cioè remunerazioni eccessive rispetto al costo-opportunità del capitale e al premio per il rischio. A ben pensarci, anche se il referendum non avesse successo, sarebbe oltremodo urgente rendere più moderna e flessibile la vecchia formula tariffaria del 1996 (ad esempio per differenziare fra i diversi tipi di investimento, in modo da meglio perseguire finalità di tipo ambientale, soprattutto nel settore della depurazione), e in questa occasione chiarire che, evidentemente, la "remunerazione del capitale investito" deve fare riferimento, nel caso di concessioni di servizio pubblico su monopoli naturali, ad un tasso di profitto "normale" e regolato, eliminando gli extraprofitti.

Anzi, il cantiere andrebbe ampliato anche ad altre tariffe, come ad esempio quella per il servizio di raccolta e smaltimento dei rifiuti solidi urbani, che nei tre anni di mancate riforme del centro-destra è restata confinata in un difficile limbo dettato dalle sentenze della Corte Costituzionale e dalle direttive dell'Agenzia delle Entrate, senza che il Governo se ne occupasse, lasciando in uno stato di grave incertezza enti locali, operatori e cittadini.

Si vede bene, insomma, che il lavoro (e la fatica) del riformismo si dovranno esprimere in tante direzioni dopo i referendum. Speriamo solo che si possa agire dentro un clima politico finalmente diverso.

Made in the USA
Monee, IL
04 November 2026

67385319R00089